在宅ひとり死のススメ

上野千鶴子

文春新書

1295

はじめに

『おひとりさまの老後』（法研、２００７年／文春文庫、２０１１年）がベストセラーになってから、はや一三年。

わたしの「おひとりさま」シリーズも、『男おひとりさま道』（法研、２００９年／文春文庫、２０１２年）『おひとりさまの最期』（朝日新聞出版、２０１５年／朝日文庫、２０１９年）と続いて三部作に。「最期」までくれば完結、ふつう「最期」の後はないものです。

ですが、わたしはまだ死にそうな気がしませんし、さあて、次はどうしようか、と考えたのが、『おひとりさまの死後』でした（笑）。ホンネをいうと、わたしは生きてるあいだのことにしか、関心がありません。死後の世界などまっぴら。葬式やお墓などの「終活」にも、何の関心もありません。葬儀は密葬で、遺骨は散骨してほしい、と遺言状には書いてありますし、遺言執行人も指名してあります。散骨場所は国内某所、たいしてめんどうな場所ではありません。そのくらいのことを頼める友人もいますし、少々の迷惑をかけてもいいでしょう。

とはいえ、それまでにたどる時間が、相当長そうです。社会学者の畏友、春日キスヨさんが『百まで生きる覚悟　超長寿時代の「身じまい」の作法』（光文社新書、2018年）を書きました。それによると90歳を超えて生きる確率は、男性が4人に1人以上、女性が2人に1人以上だとか。今や百歳越えの長寿者も全国でおよそ8万人。わたしもあなたも、かなりの確率で、長生きしそうです。

『おひとりさまの老後』を書いたときには、わたしは58歳。

その後、高齢者の仲間入りをして、今や72歳の堂々たる前期高齢者。あと3年で後期高齢者になります。

まだ死にそうな気がしない、と言っても、たくさんの高齢者を見てきた経験からは、今から最期までに待ち受けているのは、春日さんのコトバによれば「ヨタヘロ期」こと、「ヨタヨタ」→「ヘロヘロ」→「ドタリ」の要介護期。『おひとりさまの最期』を書いたあとの、わたしの次なる目標は、「要介護認定高齢者」になること、でした。

それというのも、よおーし、ホンモノの要介護者になって、当事者目線から情報発信してやるぞお、というものでしたが、実際になってみれば、そんな気力・体力があるかどうかはわかりません。尊敬する大先輩、樋口恵子さんが近著『老〜い、どん！あなたにも「ヨタヘロ期」がやってくる』（婦人之友社、２０１９年）のなかで、ご自身の「ヨタヘロ期」について、書いておられます。み〜んな当事者になって、「介護される知恵」を分かち合う時代がすぐそこまで来ています。

『おひとりさまの最期』を書いたあとも、現場は刻々と変化しています。本書は、その後の変化を視野に入れて、次のステップをご一緒に考えるための手がかりにしたいと思って書きました。

最後までおつきあい下されば幸いです。

在宅ひとり死のススメ◉目次

第1章　「おひとりさま」で悪いか？

すごい勢いで「おひとりさま」が増えている

わたしが『おひとりさまの老後』を書いた動機は、年寄りがひとりでいると、それだけで「おかわいそうに」「おさみしいでしょう」という声が降ってくることに対して、「大きなお世話！」と言いたいからでした。

「負け犬」おひとりさまは人口学的少数派、その少数派のために書いた本が、多数派の既婚女性たちに読まれてベストセラーになったことも想定外でしたが、その後、あれよあれよと「おひとりさま」人口が増えました。

　介護保険が始まった２０００年には、高齢者の子どもとの同居率は49・１％（内閣府、２０００年）、それからおよそ20年で30・９％（内閣府、２０１７年）までに低下しています。高齢者世帯の独居率は、わたしが『おひとりさまの老後』を出した２００７年には15・７％だったのが、２０１９年には27％と急増。夫婦世帯率は33％と高齢者のみの世帯の合計が5割を越えます。夫婦世帯は死別離別による独居世帯予備軍だと考えれば、近い将来、独居世帯は半分以上になるでしょう。

いずれはそうなるだろうと予測はしていましたが、変化のスピードは、わたしの予測を超えていました。大きく変化したのは、夫婦のいずれかに死に別れても、世帯分離を維持したまま、中途同居を選択しないひとたちが増えた、ということです。『おひとりさまの老後』で、「親をひとりで置いておくなんて」と責められる子どもからの「おかあさん、一緒に暮らさない？」という申し出を、「悪魔のささやき」とわたしは呼びました。いまや、こうした「悪魔のささやき」を口にしてくれる子どもはいなくなりましたし、それを受け入れる親も少なくなりました。世代間の世帯分離はすっかり定着しました。

なぜって？　その方が親も幸せ子も幸せ、ということを、お互いに学んだからです。その背後にある大きな原因は、高齢者のひとりぐらしに対する偏見がなくなったこと、とわたしは考えています。高齢者のひとりぐらしも悪くない、やってみると存外よいもの、ということがわかったからです。

そんなこと、「おひとりさま」ベテランのひとたちはとっくに気がついていたのですけれど、「家族万歳！」のこの世の中では、大きな声でいうのをはばかられただけ。それだけでなく、既婚の女性たちが、死別離別でどんどん「シングル・アゲイン」になってみると、ひとりも悪くないわね、と学習した効果もあるでしょう。わたしは死別離別を問わず、「シングル・アゲイン」になった友人に、「おかえりなさい」と言うことにしています。「家族する」のは人生の一時期、過ぎてしまえばみな同じおひとりさま。遅かれ早かれ、ひとりに戻ってくることになるからです。

それなのに世の中には、ひとりであることを、撲滅《ぼくめつ》しなければならない悪か何かのように、警鐘を鳴らす本があふれています。

藤森克彦さんの『単身急増社会の衝撃』（日本経済新聞出版社、２０１０年）の帯には「無縁社会の実像に迫る」とあり、「もはや『孤独死』は他人事ではない」とおどろおどろしい脅迫の言辞が書かれています。山口道宏さんのずばり『無縁介護』（現代書館、２０１２年）と題した本の副題は「単身高齢社会の老い・孤立・貧困」とあって、この３つがセットで登場するような印象を与えます。山口さんの次作『ドキュメント　ひとりが要介護になるとき。』（現代書館、２０１９年）の副題では「単身老後に『在宅』は大丈夫ですか!?」と問いかけて、おひとりさまは最後は施設か病院にいくほかないような印象を与えます。

帯には「単身ですが、いけませんか。身寄りなしですが、悪いですか。ひとりで『在宅』はダメですか。」とダメ押しがあって、反語表現とはいいながら、おひとりさまでいることがあってはならないことのように捉えられてきたことが、逆にわかります。そんなことはない、というわたしの主張が伝わったのか、藤森さんの次作は、『単身急増社会の希望』（日本経済新聞出版社、２０１７年）と、「衝撃」から「希望」に変わっていました。あとがきには「おひとり様の老後を考える会」に対する言及もありました。単身世帯が増えることは、たんに食い止められない現実です。なら、それを嘆いたり脅したりするよりも、どう前向きに対処すべきかを考える方が大事でしょう。

それだけでなく、なにより、「かわいそう」「みじめ」という枕詞《まくらことば》のつきまとった単身高齢者を「おひとりさま」と呼び替えて、胸を張って自称することができるようになった功労者に、上野を数えてほしいと思います、えっへん。

「老後はおひとりさまが一番幸せ」とのデータ

それを実証するような本に出会いました。辻川覚志《さとし》さんの『老後はひとり暮らしが幸せ』（水曜社、２０１３年）がそれです。この本に出会ったのは、『おひとりさまの最期』を書いた後で、しまった、もっと早くに読んでおくのだった、と後悔しましたが、後の祭り。

とはいえ、もしわたしが自著のなかで、同じことを書いたら、やせがまんだと思われたことでしょう。ですからわたしが自著の中で言えたことは、せいぜい「老後はひとり暮らしだって不幸じゃない」というぐらいのことでした。ところが、辻川さんの本ときたら、「ひとり暮らしがいちばん幸せ」と、データにもとづいて論証しているのですから、有無をいわせません。

辻川さんは大阪府下で開業している耳鼻咽喉《じびいんこう》科医。その彼が、２０１３年に府下門《かど》真《ま》市在住の60歳以上の高齢者５００名近くに調査を実施し、４６０名から回答を得ました。

その結果、「独居高齢者の生活満足度のほうが同居高齢者より高い」というデータが得られました。

世の中には「幸福度」調査というものがありますが、実のところ、「幸福」とはきわめて主観的なものです。「あなたは幸福ですか？」と聞かれて得た答えを比較するのはとても困難ですから、代わって用いられているのが「生活満足度」という指標。辻川さんが採用したのも、この「生活満足度」という指標です。これ以後、辻川さんがそうしているように、便宜的に「幸福度」を「生活満足度」で置き換えることをご了承ください。

大量調査で独居高齢者と同居高齢者の生活満足度を比較すると、独居の方が低くなることは知られています。それは独居高齢者の貧困率が高く、社会的孤立も高い傾向があるからです。ですが、辻川さんが調査対象にしたのは、大都市近郊の住宅地に住む、中流のお年寄り。耳鼻咽喉科には年寄りと子どもが通ってきますが、辻川医院に自分の足で受診に来るのは比較的健康な高齢者。そして子どもがいても世帯分離して暮らしている「選択的」おひとりさまが多そうです。大量データのなかでは埋もれてしまうような、相対的に恵まれたケースをとりあげることができたから、と言えるかもしれません。

　政府の統計では、高齢者の独居か同居かの比較は、この二択でおこなわれますが、辻川さんはユニークな比較方法を採用しました。同居高齢者をさらに下位分割して、同居者が一人の場合、二人の場合、三人、四人以上の場合、と区別して比較しました。それでわかったことが、同居者がひとり増える、つまり二人世帯になると、生活満足度が最低になることでした。同居者がもう一人増えて三人世帯になると生活満足度はやや上昇し、さらに四人以上になると、つまり多世代世帯になると、生活満足度は独居高齢者とほぼ並ぶ水準になります。

　二人世帯とは、「夫婦世帯」か「親一人子一人世帯」のいずれかです。夫婦世帯は別名「空《から》の巣」期とも呼ばれて、子育てを終わった目標喪失のカップルが顔を見合わせる危機の時期。異文化が激突する夫婦世帯では、お互いの生活満足度が低いのも、想像にかたくありません。こういうときには、真ん中に緩衝《かんしょう》地帯を置く方がよいようです。子どもが同居するか、ペットがあいだにいて、ペットを通じて会話するカップルもあるとか。ですから同居家族が二人増えて三人世帯になると、生活満足度がやや上がるのも、理解できます。

さらに同居家族が三人増えて、合計四人以上の多世代世帯になると、生活満足度は、独居世帯に並びます。政府は三世代同居を推奨し、二世帯住宅の建設資金の援助まで考えつきました。そんなことを発案する政治家たちが、自ら三世代同居をしているとはとうてい思えないのですけれど。何より、天皇ご一家は決して三世代同居をなさいません。多世代世帯の満足度が高いのは、「やっぱりそのとおり。日本の年寄りの幸福は、家族の中の老後」と納得されるかもしれません。ですが、辻川さんは「ひとり暮らし」は「三世代世帯に匹敵する満足度が得られる」と結論しています。

辻川さんの調査からは、さらに面白いことがわかりました。加齢と共に、体力も落ち、カラダにいろいろな不具合も生じます。ですが、経年変化で見ていくと、「健康状態が悪くなってきても、ひとり暮らしは、なかなか満足度が悪くなりにくいことがわかりました」。痛いの、つらいの、というのはよそから見たら、しょせん他人の痛み。言うてもせんない。自分でがまんするほかない、というおひとりさまの諦念と覚悟が伝わってくるようです。

独居高齢者といっても、いったん家族形成したひとたちには、離れていても子どもがいる場合があります。辻川さんの調査によると、独居高齢者で子どものある人とない人とでは、生活満足度はまったく変わらないそう。ああ、よかった。子のない老後はみじめ、とどれだけ脅かされてきたことか。子どもとの世帯分離は慣行化しているし、うんと高齢になれば子どもに先立たれる高齢逆縁もあり。日々の暮らしの上では、別居している子どもがいようといまいと、生活満足度は変わらない、には納得しました。

ふたり世帯の満足度は最低

辻川さんはさらに二作目の本『ふたり老後もこれで幸せ』（水曜社、2014年）を出しました。一作目で、二人世帯の生活満足度が最低、と証明しておいて、今さら何を？　といぶかしい思いでした。二人暮らしの生活満足度は、夫と妻とで段違い。おひとりさまの男女の満足度はどちらも平均74点とほぼ同点で高いのに、ふたり世帯の男女は両方ともおひとりさまより満足度が低いだけでなく、女性の満足度が男性の満足度よりさらに低いことがわかりました。これを辻川さんは、ずばり「ふたり暮らしは妻のひとり負け」と言い当てています。

事実、この本に出てくる事例には「あるある」感満載。

「夫はずっとテレビばかり見ている。そのため、話しかけても返事しない。その上、細かなことまで口を出してくる。腹が立つ」（70代前半　女性）

「夫は、まったく人の話を聞かない。自分の思い通りにしか行動しない。反論するとすぐに大声を出すので、話ができない」（60代前半　女性）

「夫が退職してから、どこに行くのもついてくるので、うっとうしい」（60代前半　女性）

「夫は、家族の病気には関心を示さないが、自分が検診で少しでも異常がみつかると、どこの病院にかかるべきかと大騒ぎする」（60代前半　女性）

「退職してから……家事は一切手伝わず、文句だけ言うようになり、うっとうしい。一日中、パソコンをやっている。夫の存在自体に腹が立つ。一日中、気分が滅入る」

（70代前半　女性）

もっとも夫の方にも言い分があるようですが、夫の満足度も低いようです。

「自分はこんなこと（趣味の機械いじり）ばかりやっているが、家事は一切しない。毎度、食事をつくってくれている妻に、感謝の気持ちはあるが、口には出さない」

（70代前半　男性）

減るもんじゃなし、なんで日本の男は感謝のことばを出し惜しみするんでしょうねえ。

こんなふたりがどうやって折り合っていけばよいのか。ふたり老後も「これで幸せ」の秘訣は、次の7箇条だそうです。

秘訣①　それぞれ互いに納得している
秘訣②　しっかり分業できている
秘訣③　別々の価値観でもかまわない
秘訣④　目の前の不満は些細なことと割り切る

秘訣⑤　ふたりのときから、ひとりのときを想定する
秘訣⑥　時間的、空間的に距離をあける
秘訣⑦　自ら自分の世界に入りこむ

　どれをとっても「相互不可侵条約」を結んで互いに干渉しあわないことが共存の秘訣、のようですが、それなら夫婦でいる意味はなんでしょう？　なのに、夫を見送った妻はこう言います。

「あれほどけんかばかりして、早くあちらに逝けばよいと思っていた夫が、実際に逝ってしまうと、寂しい」（60代後半　女性）

　夫婦とはわからないものです（苦笑）。

　自身既婚者でもある辻川さんの信条は、「ひとり暮らしのふたりが、同じ屋根の下で暮らすようにできることがふたり老後の理想型」ですが、それが実現できている人は多くはなさそうです。

　ところで二作目で辻川さんは満足度調査に加えて、おもしろい調査をなさいました。

図1

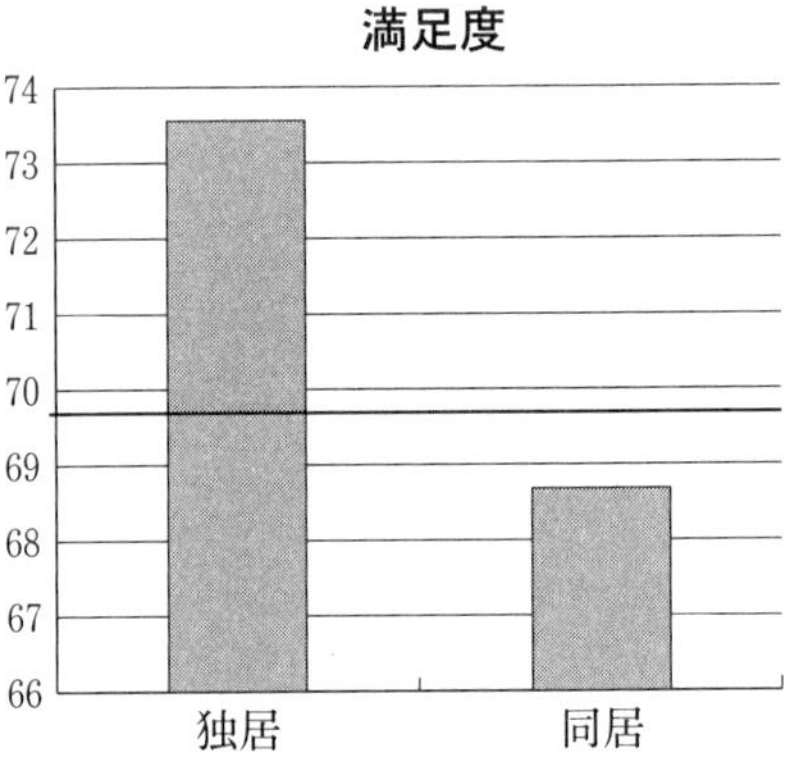

図2

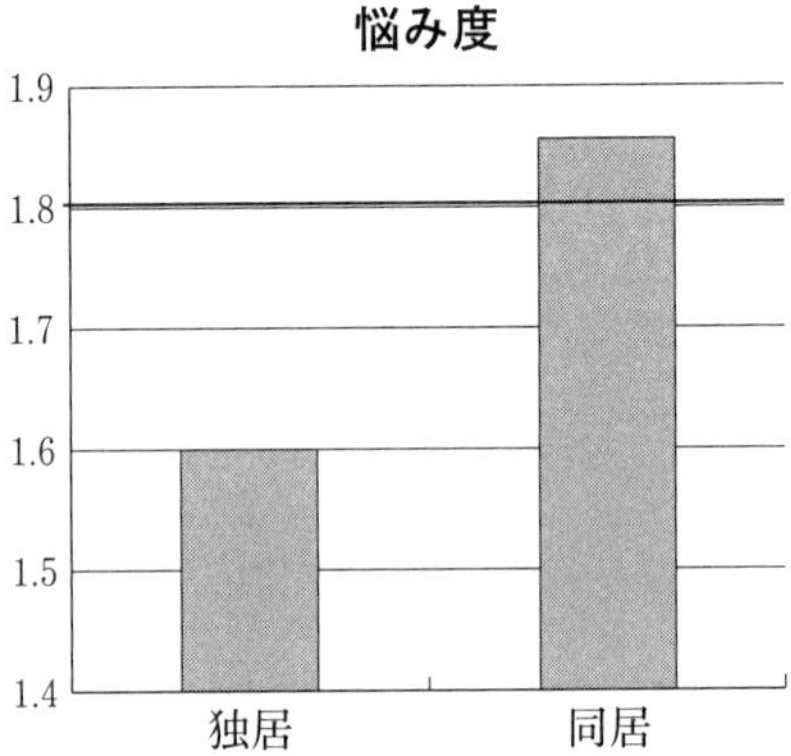

横線は全体の平均値

出典 『ふたり老後もこれで幸せ』（辻川覚志　水曜社、2014年）

「悩み度」調査です。結果は**図1&2**のとおり。「圧倒的にひとり暮らしをされている方の方が、満足度も高く、悩みも少ない」のに対し、「ふたりの家庭が一番低い満足度で、悩みももっとも多いことがわかりました」。

これを同居者の人数別にブレイクダウンしたのが、**図3&4**です。同居者の人数が増えるとたしかに満足度も上がりますが、反対に「悩み度」も高くなる傾向があります。そりゃそうでしょう。お悩みは自分からよりも、周囲から来ます。自分自身の満足度が高くても、同居している息子夫婦の仲が悪いとか、孫が不登校だとかの問題があれば、悩みのタネになるでしょう。もちろんおひとりさまの高齢者にも別居してい

図３

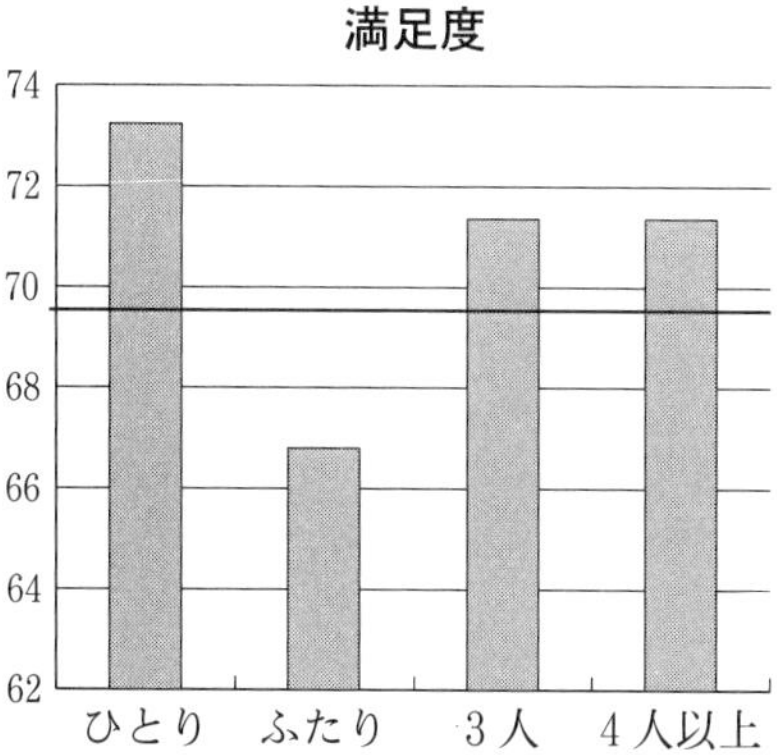

図４

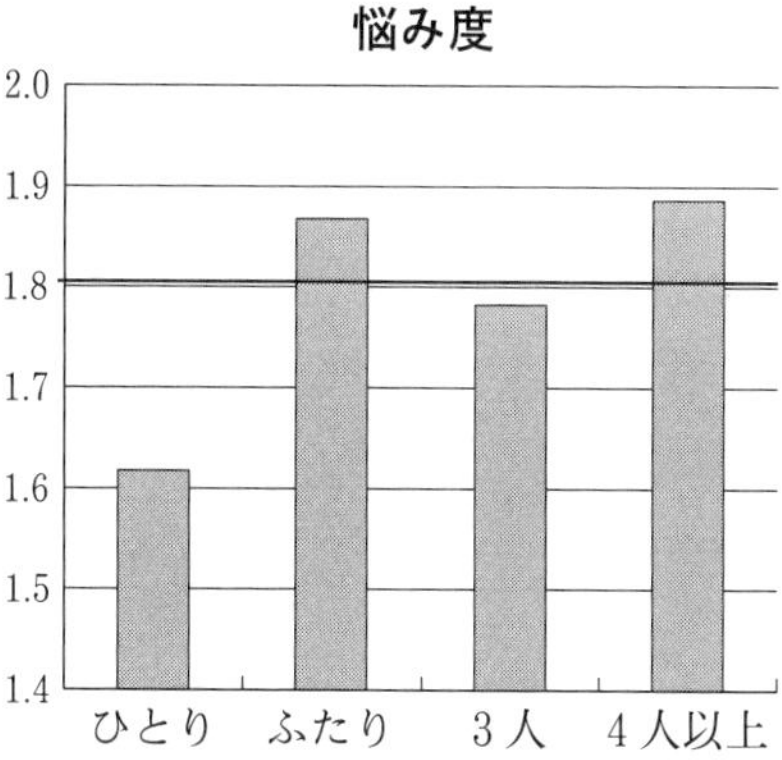

横線は全体の平均値

出典　『ふたり老後もこれで幸せ』（辻川覚志　水曜社、2014 年）

る家族はいるでしょうから、同じような悩みのタネはないとはいえませんが、人間とは現金なもので、とりあえず目の前にないものは忘れていられます。というわけで、満足度から悩み度を引き算しても、なお、おひとりさまの満足度がいちばん高い！という結論になりました。

おひとりさまは寂しくも不安でもない

辻川先生、さらに三作目の『続・老後はひとり暮らしが幸せ』（水曜社、２０１６年）では「寂しさ」と「不安」の調査をなさいました。寂しさ率と不安率の同居・独居別の調査結果は図5＆6のとおり。なるほど、「やはりひとり暮らしは寂しい」のか、と思えます。ですが、辻川さんが指摘するとおり、「寂しさは多くの場合、一過性」「ある一定の時期を乗り越えれば、慣れる」感情。ですから、おひとりさまになりたてのビギナーは寂しさを感じるが、「はじめからひとりだと寂しくない」。「昔から自分はひとりっ子であったので、ちっとも寂しくも不安もない。他の人が寂しいといったりするが、まったく理解できない。なぜ寂しいと思うのだろうかと思っ

てしまう」（70代後半　女性）

あたりまえのことですが、いちばん寂しいのは、気持ちの通じない家族と同居している高齢者。事実、高齢者の自殺率は、予想に反して独居高齢者より同居高齢者の方が高いことが知られています。

図5

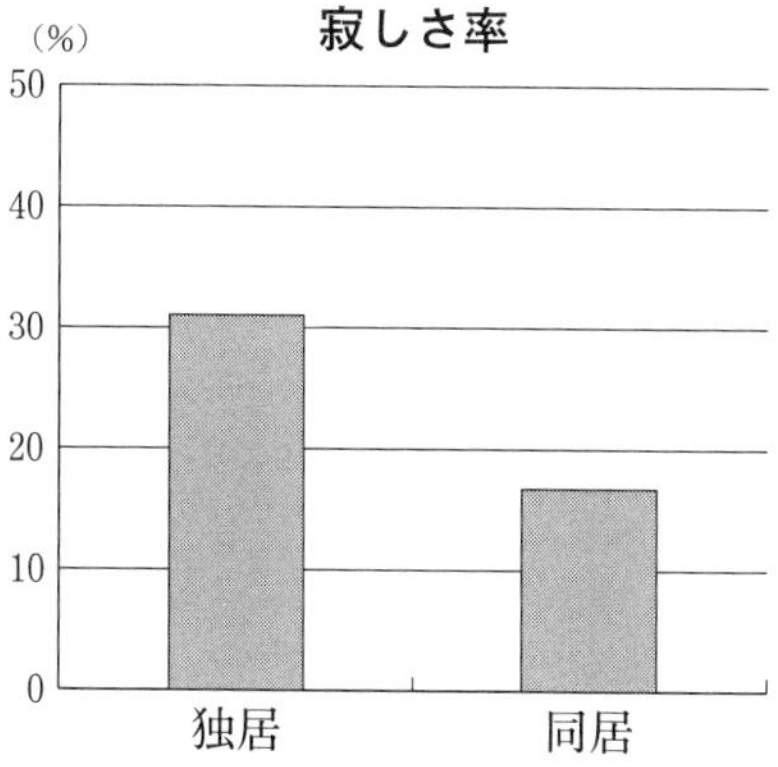

図6

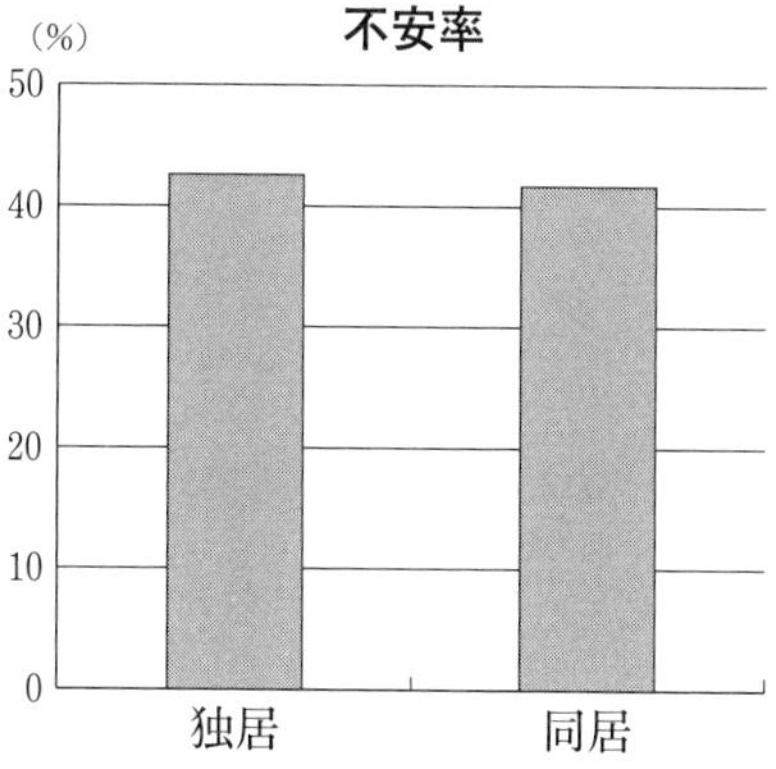

出典　『続・老後はひとり暮らしが幸せ』（辻川覚志　水曜社、2016年）

図7

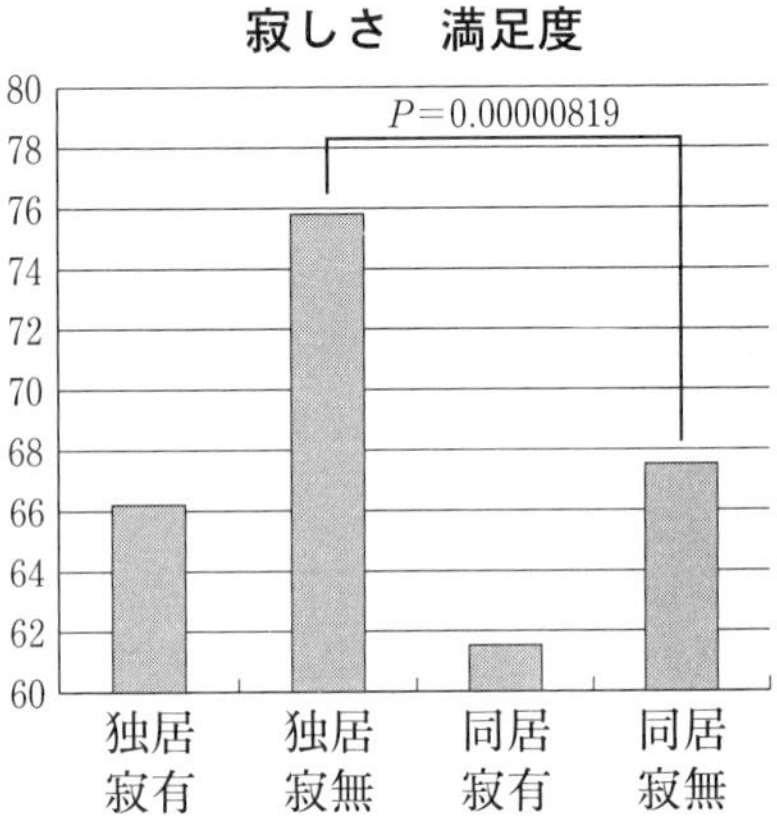

出典　『続・老後はひとり暮らしが幸せ』（辻川覚志　水曜社、2016年）

寂しさと満足度との相関をとったのが**図7**です。これを見ると、「寂しくない」人の満足度が高いのは予想どおりですが、同居者と独居者とでは、「寂しい」人も「寂しくない」人も同居者の満足度が独居者より低いのです。これを辻川さんは「衝撃的な結果」と呼んでいます。

事例の声を聞きましょう。

「家族がたくさんいて、自分の体調もよく、寂しさも不安もまったくないが、満足度はよくて60点くらいだ。家族といっしょに暮らすと、どうしても自分を抑えて家族を優先しなければならないときがあるので、生活の満足度はどうしても低くなる」（60代前半　女性）

不安については感じる人が全体の42・3％、「家族数や年齢には関係なく、どのような環境におられても、一様に不安がある」という結果でした。

それでも、負け犬おひとりさまにとっての言い分は、なんだかんだ言っても、子どもがいるひとは安心よね、万一のときには駆けつけてくれるから、というもの。辻川さんの調査は周到です。子どもがいる人、いない人、近くにいる人、遠くにいる人で

図 8

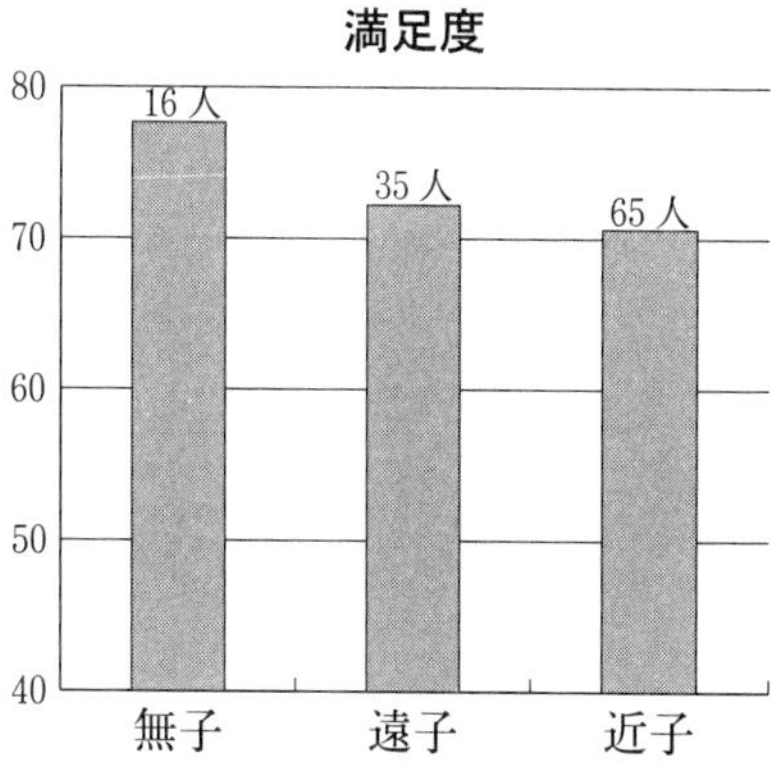

図 9

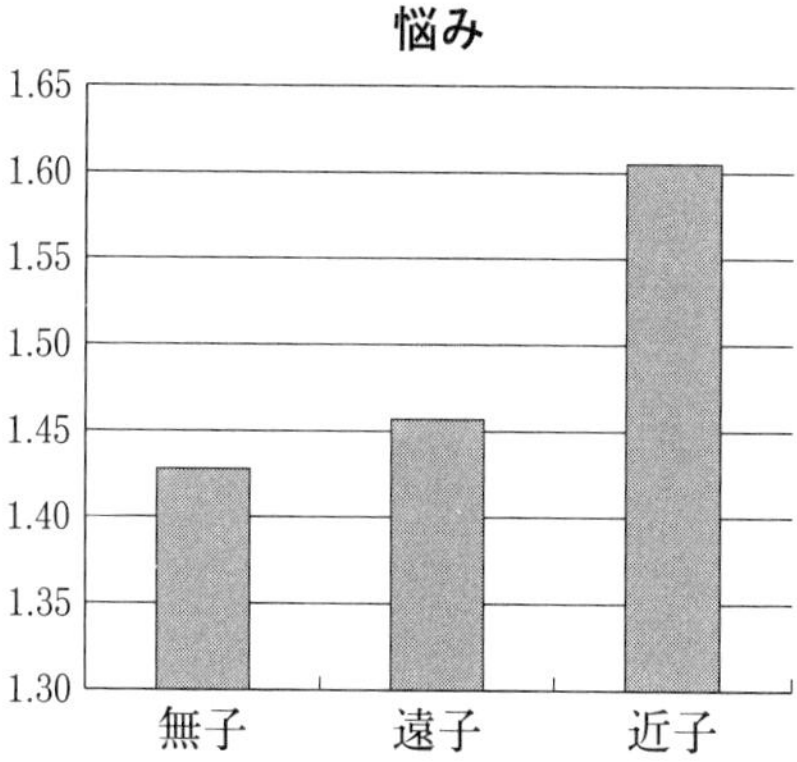

出典 『続・老後はひとり暮らしが幸せ』(辻川覚志 水曜社、2016 年)

図 10

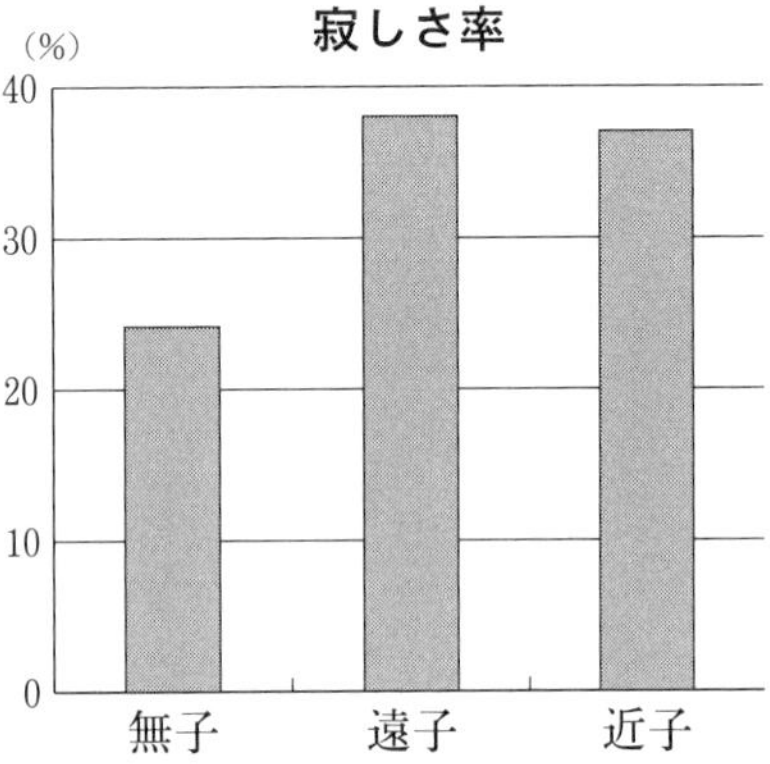

図 11

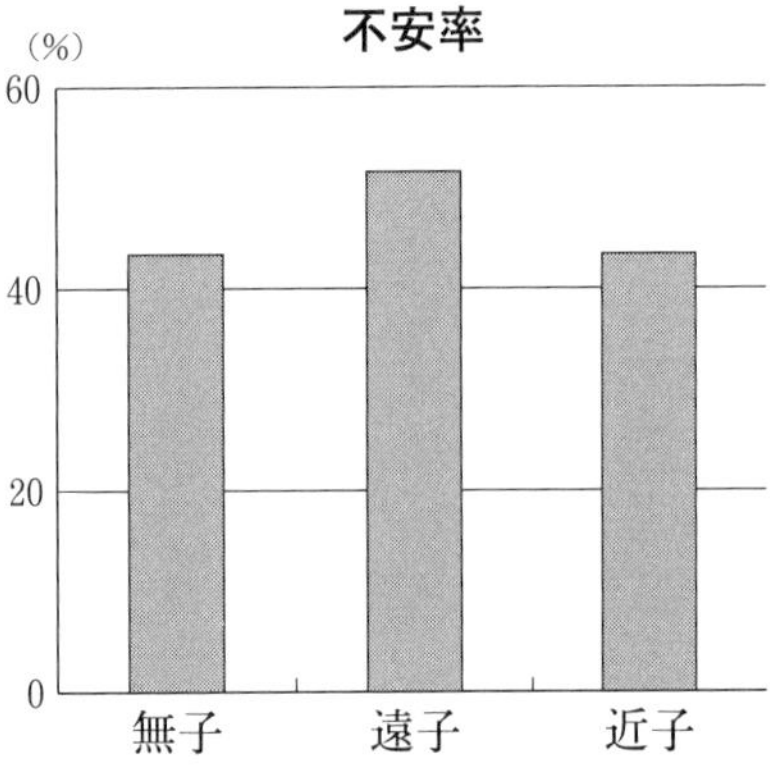

出典 『続・老後はひとり暮らしが幸せ』(辻川覚志 水曜社、2016 年)

満足度と悩み度、寂しさ率、不安率を比較したのが図8、9、10、11です。なんと！子無しおひとりさまは満足度がもっとも高く、悩み度が低く、寂しさ率が低く、不安率も低い、という結果が出ました。悩み度は子どもが近くにいる人のほうが、遠くにいる人より高いことは、目の前に見えないことはとりあえず忘れていられることの証でしょう。他方、子どもが遠くにいる人の不安率のほうが、近くにいる人より高いのも納得できます。

辻川さんの発見はこうです。

「はじめから子がおられない環境で過ごされていると、取り立てて寂しいという感情をあらためてもたれることがないのかもしれません」

「満足のいく老後」の三条件

この三部作の結論はこうです。

「満足のいく老後の姿を追いかけたら、結論は、なんと独居に行き着いたのです。／老後の生活満足度を決定づけるものは、慣れ親しんだ土地における真に信頼のおける友（親戚）と勝手気ままな暮らしでありました」

この結論は、①慣れ親しんだ家から離れない、②金持ちより人持ち、③他人に遠慮しないですむ自律した暮らし、を唱えてきたわたしの主張とみごとに重なります。辻川さんも施設入居はお勧めしません。それどころか、「これらは、どんなに高級な高齢者向け施設にも存在し得ないものです」ときっぱり書いておられます。どんな富裕層向けの老人ホームへ行っても、わたしが羨ましいと思わないのはそのためです。

辻川さんの一作目を、わたしは『おひとりさまの老後』を刊行したあとで見つけた、と書きました。あまりにおもしろくて辻川さんにコンタクトを取り、そのご縁で三作目の『続・老後はひとり暮らしが幸せ』に、推薦文を書くことになりました。帯にこうあります。

「これで、おひとりさまでもだいじょうぶ！

辻川ドクターがデータにもとづいて
教えてくれる真実。」

さすがドクター、エビデンス（証拠）があるのが強みです。

わたしだって「老後はおひとりさまが最高！」って、どんなに言いたかったか。もともと『おひとりさまの老後』を書いた動機は、家族のいない老後はみじめ、という固定観念を跳ね返したかったからですが、わたしが同じことを言えば、きっと「負け犬の遠吠え」と言われることでしょう。辻川さんがデータを示してくださったおかげで、根拠がある、といえるようになりました。

　もちろん大阪府下門真の住宅地で開業医をやっている辻川さんが対象にしているサンプルには偏りがあります。政府の統計は全国平均のマクロデータ。貧困層の存在が平均値を引き下げます。ですが、とりあえず経済的に逼迫していない中産階級の暮らしのなかでは、辻川さんの調査結果が妥当するでしょう。

　おひとりさまには、「選んでおひとりさま」と「余儀なくおひとりさま」の二種類があります。おひとりさま資源の有る無しの別、と言い換えてもいいでしょう。自分で選んだひとり暮らしなら、寂しくも不安でもない、満足度は高く、悩みも少ないってことをデータで示してもらえたのは、強力な援軍でした。

　それなのに、メディアではあいかわらず「高齢者の独居」イコール社会問題のような描き方が多いようです。何度もくりかえしますが、独居と孤立は違います。その反対に、同居イコール安心でもありません。同居している家族が虐待やネグレクトをしたら……家族がいるほうが危険な場合だってあります。ケアマネージャーの言う「処遇困難事例」には、家族が同居しているばっかりに介護保険の利用を断られたり、家に入れてもらえなかったりする事例があります。「世帯分離さえできれば……」というのが彼らの歎きです。単身世帯になったほうが、はるかに介入が容易だからです。

世帯分離するなら、年寄りを家から出すのではなく、若い方が家から出て行くのが道理でしょう。若い方が環境の変化に適応しやすいだけでなく、そもそも家の名義は年寄りのもの。自分名義の家から年寄りが出て行かなければならないなんて、本末転倒です。

こんな例がありました。東京都国立市で訪問診療をしている新田國夫医師から聞いた話です。長い間海外に出ていた娘さんが、中年になって「お母さんの老後が心配」とひとり暮らしの母親の家に帰ってきました（ほんとうは「自分の老後が心配」だったんだろう、とにらんでいますが）。しばらくしてから、娘さんが新田医師のもとに、「母の様子がヘン、施設に入れたいのだけれど」と相談に訪れました。新田先生、娘さんの顔をじっと見て、「あなたが出て行きなさい」とアドバイス。そこまで言われて、娘さんは近くにアパートを借りて別居。世帯分離したら、お母さんの具合はよくなったとか。

後から来たひとが、先住者を追い出すなんてもってのほか。あとから来たひとが、先に出ていけばいいんです。別居したからといって、家族でなくなるわけじゃなし、通いで「パートタイム家族」をすればよい、と『おひとりさまの最期』でも書きました。

わたしがメディアの関係者にお願いしているのは、「おひとりさま」のネガティブな姿ばかりでなく、ポジティブなロールモデルを示してほしい、ということ。周囲を見回してみれば、おひとりさまで機嫌よく暮らしているお年寄りがあそこにもここにも、いらっしゃいます。

こういうデータやロールモデルが増えることで、おひとりさまに対する社会からのネガティブな偏見がなくなることを願っています。

第2章

死へのタブーがなくなった

「多死社会」がやってきた

　少子高齢化社会のあとには、超高齢社会、そしてその次には多死社会がきます。大量死時代と言ってもいいでしょうか。なにしろヒトの死亡率は１００％、どんな長寿社会でも、死を免れる人はいません。日本は人口減少社会になりました。つまり、毎年生まれる子どもの数より、死んでいく年寄りの数の方が多い社会だということです。

　これまで高度成長期の日本は「死が見えない社会」と言われてきました。人口ボーナス期、都会に核家族が増えたのも、ベビーブーマーの次男坊、三男坊がたくさんいたからにほかなりません。周囲に年寄りはおらず、死は身近なものではありませんでした。団地のアパートやマンションには、子育て世代があふれ、結婚式場は増えても、葬儀場はあまりありませんでした。

　作家の柴田翔《しょう》さんに、自分が住んでいるマンションのエレベーターに、死んだらお棺が入るかしら、と疑問を持つエッセイがあります。長身の柴田さんを収める柩《ひつぎ》は

１８０センチ以上、まっすぐなお棺がマンションの入口のドアを曲がりきるか、エレベーターに入りきるか、横にできなければ柩を縦にしなければならないか、と。死者を予期していない集合住宅の造りに、シニカルな視線を投げかけたものでした。それを読んで以来、わたしはどこのアパートやマンションでも、エレベーターに乗るたびにお棺が入るサイズかどうかをチェックする習慣がつきました。幸いにいま住んでいるマンションには、業務用エレベーターがあって、それを使って引越荷物の出し入れをしています。ダブルベッドも移動できそうですので、たぶんお棺も大丈夫でしょう、ほっ。

　死が見えない社会になったのは、死の病院化が進んだためでもあります。病院死では、家族は死に至る過程をつぶさに目にすることがありません。病院の霊安室から公営民営の葬儀場へ直行し、死者と時間を共にする機会もなければ、死が身近なものにならないのはあたりまえでしょう。

　このところ、死についての見方が変わってきたようです。かつてなら親しい間柄で死について語るだけで、「縁起でもない」「滅相もない」と、話題を打ち消したものですが、最近では「終活」ということばも登場し、家族のあいだで、どんな葬式をしたいか、お墓はどうするか、を語り合うようになりました。『おひとりさまの老後』を出したあと、「在宅ひとり死©ChizukoUeno」という新語をつくって「在宅ひとり死準備講座」という講演会を企画したとき、主催者は、こんなテーマで人が来るかしら？　と心配しましたが、なんの、５００人入る会場がいっぱいになりました。それよりわたしがびっくりしたのは、質疑応答の時間に会場から出た発言です。「死ぬのはひとりでできますが、遺体の始末は自分ではできません、どうしたらいいでしょう？」と、「死」だの「遺体」だの「葬式」だのということばが飛び交いました。ああ、こういうことばにタブーがなくなったんだな、と感慨を覚えたものです。なにしろあの天皇ご一家でさえ「終活」をやっているくらいですから。今の上皇と上皇后のお墓案が登場して、夫婦で同じお墓に入るか入らないかの議論がメディアに登場したとき覚えた感慨は、もう天皇の死後のことを話題にしても、誰も「不敬だ！」とは思わない時代になったんだな、というものでした。

死の臨床像が変わった

お墓だの葬式だのを考える「終活」は死んだ後のこと。それまでにまず、死ななければなりません。超高齢社会ではその日本人の死に方が、変わってきました。

2018年の日本人の死因は上位から1位ガン、2位心臓血管疾患、3位老衰、4位脳血管疾患の順。すべて加齢に伴う、治らない・治せない慢性疾患ばかりです。

最近では3位に「老衰」が浮上してきました。医療専門家の話によると「老衰」とは「死因がわからない」と言っているのと同じ。「心不全」とか「多臓器不全」とか書くところを、はっきりしないから「老衰」と書くだけだそうです。ですから「老衰」とは、病名ではなく、社会的に承認された死因だと言ってもいいでしょう。超高齢者が、これといって決め手になる死因がなくて亡くなると、この歳だともういいよね、と周囲が解釈すれば「老衰」になるということ。これからこの死因は増えるでしょう。

戦前の日本人の死因のトップは結核でした。結核は感染症の一種、発展途上国では感染症による死亡が多く、若い人がばたばたと死にました。医学は感染症との闘いと言ってもよく、先進諸国は致死性のある感染症をほぼ撲滅《ぼくめつ》しましたが、次から次に人類が知らない新しい「敵」が現れます。新型コロナウィルスもそのひとつです。ウィルスや細菌との闘いは、治療薬のほかには、自己免疫力、つまり感染しても体内での闘いに勝つほかありません。ですから免疫力の高い若い人たちは感染しても助かり、そうでない高齢者や持病のある弱者は死に至る……ことになります。

日本の超高齢社会は、高齢者が慢性病を抱えながらもなかなか死ななくなった長寿化が原因です。２０１９年の日本人の平均寿命は男性81・41歳、女性87・45歳、平均寿命とはゼロ歳で死んだ子どもも入れての平均ですから、今や「人生百年」と言われるようになり、90歳を越えて生きる確率は男性が４人に１人、女性が２人に１人以上といわれています。そうかんたんには死ねない社会が到来したのです。

長寿社会の条件は、栄養水準、衛生水準、医療水準、介護水準がのきなみ上昇することです。努力して得た結果なのに、巷には『長生き地獄』（松原惇子、ＳＢ新書、２０１７年）とか『長生きしても報われない社会』（山岡淳一郎、ちくま新書、２０１６年）とか、長寿を呪うような言説があふれています。そんなに高齢化がイヤなら発展途上国へいらっしゃい、抵抗力の落ちた年寄りは、褥瘡《じょくそう》から感染症にかかってあっというまに死ねるから、とわたしは毒づくことにしています。かつての介護は、褥瘡などあってあたりまえ、そこから感染症で死ぬこともざらでした。いまどきの介護は、褥瘡をつくらないのがあたりまえ。介護の質の水準がそれほど上がりました。（NPO法人日本健康加齢推進機構理事長）大田仁史医師は、「遺体は介護の通信簿」と呼んでいます。褥瘡のない、きれいな遺体は、生前、その方がどのくらい手厚い介護を受けたかの証だからです。現場の人たちが努力してようやく得られた世界的な介護水準を、嘆く必要はまったくありません。

ついでに言っておくと、最近はやりの「健康寿命」という概念をご存知ですか？

平均寿命からフレイル（虚弱）期間（日常生活に制限のある不健康な状態の期間）を引いた残り、「健康上の問題で日常生活が制限されることなく生活できる期間」と定義されています。フレイル期間とは、要介護認定を受けたら要介護か要支援を認定される程度、と考えてもらってもかまいません。フレイルになって生きていても詮《せん》ないこと、健康であってこその長寿、とばかり、このところ健康寿命を延ばそうという運動が各地で起きています。健康寿命には男女差があることが知られています。平均寿命から健康寿命をさし引いた残りのフレイル期間の平均は、男性が8・84年、女性が12・35年（2016年）と、女性の方が他人さまのお世話を受けて生きる期間が、男性より4年も長いことになります。

でも健康寿命の延伸というかけ声を聞く度に、なんだかな、と思うのは、寿命に終わりが決まっていれば、健康寿命を延ばせばたしかにフレイル期間も短くなるでしょう。ですが、毎年平均寿命が延びている状況のもとでは、がんばって健康寿命を延ばせば、その分持久力もついて、平均寿命も延びるかもしれないということです。それに女性の方がフレイル期間が長いということは、フレイルになってからも女性の方が生命を持ちこたえる期間が長い、ということ。そもそもフレイルになっても生きられる社会を作ってきたのが、文明社会というものでした。ありがたいことです。

「最期は病院で」から「最期は自宅で」へ

いまでも日本人の多くは「死に場所は病院」と考えているようですが、病院死以前

図12　病院死と在宅死が逆転

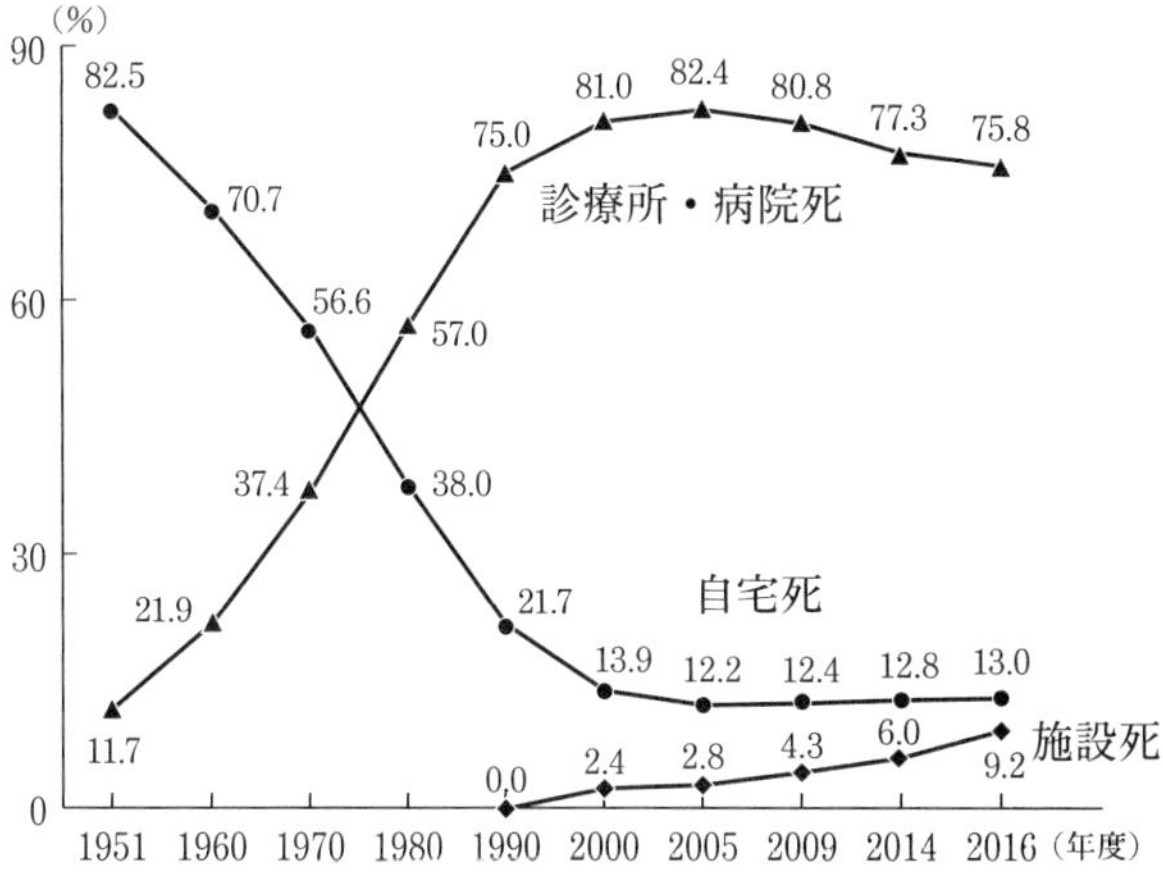

厚生労働省「人口動態統計」(2016年調査) を基に作成

には、日本人は在宅で死んでいました。病院死と在宅死の割合が逆転したのは１９７６年、そんなに昔のことではありません（**図12**）。死にかけている年寄りを病院に担ぎ込むことを、日本の家族はながいあいだ「常識」だと思ってきました。ですが、病院は死なす場所ではなく生かす場所。とりわけ１１９番すれば延命治療は専門職の必須の使命です。ふしぎでしかたがないのは、年寄りの容態が急変したら１１９番し、場合によってはすでに絶命していても１１９番をダイアルしてしまう家族の行動です。これでは延命治療をしてくれ、蘇生処置をしてくれ、と頼んでいるのと同じ。その後で、こんなはずじゃなかった、と悔いることになります。最近ではようやくその「常識」に疑いが持たれるようになりました。

　若い人が感染症や事故に遭う場合には、病院に駆け込むことには効果があるでしょう。ですが、死が予期された高齢者に無理な延命治療をしてどうなるでしょうか。「最期は病院で」という考え方には、医療が稀少資源だった過去の名残りがあるような気がします。いまわの際に一度でいいから、オヤジを医者に診せてやりたかった、と。ですがもうそんな時代ではありません。このところ、病院死の割合がようやく減少に転じて、代わって在宅死と施設看取りが徐々に増えてきました。施設ですら、かつては終末期の年寄りを病院にかつぎこんだものですが、ようやく施設のなかで看取りを実践するようになってきました。

　この在宅死の流れは、決して過去に戻る動きではありません。なにしろ「在宅」と言っても、そこにもはや家族はいないか、家族介護力をあてにすることができなくなっています。それに現在の「脱病院化」は、「病院化」が一周したあとの、新しい在宅死です。というのは、地域の医療・看護資源が、かつてなく充実してきたからです。

日本人の死因からわかることは、大量死時代の大半の死が、加齢に伴う疾患からくる死だということです。すなわち、予期できる死、緩慢な死です。幸い介護保険のおかげで、多くの高齢者がケアマネージャーにつながります。介護保険の要介護認定率は高齢者全体では平均2割程度ですが、加齢と共に上昇し、80代後半では5割、90代では7割から8割に達します（国立社会保障・人口問題研究所、２０１２年）。つまり多くの高齢者は死ぬまでの間に要介護認定を受けるフレイル期間を経験しますので、たとえのぞんでも、ピンピンコロリなんてわけにはいかないのです。

要介護認定を受けた高齢者は、ケアマネがつくだけでなく、疾患があれば訪問医と訪問看護師につながります。在宅のままゆっくり下り坂を下って、ある日在宅で亡くなる……ためには、医療の介入は要りません。医療は治すためのもの、死ぬための医療はありません。医師の役目は、介入を控えること、そして死後に死亡診断書を書くことです。

年寄りの容態が急変したら119番すべきか？

では、年寄りの容態が急変したり、死にかけの現場を発見したら、どうすればいいか、ですって？　まちがってても119番しないことです。

都内の病院で救命救急医療に30年以上携っている浜辺祐一医師と対談したことがあります。救急現場という人生が一瞬のうちに凝縮したような現場に身を置いて、そのエピソードを洒脱なエッセイで綴ったシリーズが人気の、腕も立つし筆も立つドクターです。交通事故などで一刻を争う瀕死の患者を、切ったり貼ったりして救命する現場で、自分のやっていることがたったいま求められる価値ある行為であることに、強烈な使命感を感じるとのこと。その快感が、彼を現場につなぎとめてきました。ドーパミンとアドレナリンが大放出するこんな緊張感あふれる現場に、アディクトする（病みつきになる）気分もわからないではありません。

救命救急現場の近年の急激な変化は、救急車で運ばれてくる高齢者が増えたこと。保《も》たせて数日から数週間の延命を施しながら、これが絶対に求められているという確信を持つことが難しくなり、へたに延命治療を施したばっかりに、あとから家族に恨まれることもあるとか。そんなら最初から１１９番しなきゃいいんですが、気も動転した家族がつい１１９番してしまうんだそうです。それというのも、これまで１１９番する以外の選択肢を、家族が知らなかったからでしょう。浜辺さんは、多死時代を前にして、このままの勢いで高齢者の救急搬送が増えたら、救命現場が機能麻痺してしまう。何歳以上は救急車の出動を受け付けないとか、決まりをつくる必要があるんじゃないか、とすら言いそうでしたが、それでは年齢で生命の選別を行うトリアージになってしまいます。東京都内では区内の救急病床が埋まっていれば、互いに融通し合う連携システムができあがっているそうですが、そのため各区をたらいまわしされて、病院に到着する時間が遅れる傾向があるとか。救命救急現場を機能麻痺させないためにも、利用者の側の自制が必要でしょう。

　１１９番する前に、家族がまずすべきことは、訪問看護ステーションに連絡することです。訪看ステーションは24時間対応を義務づけられていますから、状況を聞いてどうすればいいかを判断してくれます。必要なら主治医に連絡してくれたり、夜間の訪問もしてもらえます。ときどき耳にするのは、夜間に連絡した主治医が１１９番するように指示することもあるとか。もちろんそれが必要な場合もあるでしょうが、自分の出番を避けたいばかりに、安易に１１９番につなぐ原因を、医師が作っていることもあります。実際にあった例では、訪問看護師が主治医に連絡したところ、どうしても連絡がつかず、代わって24時間対応を謳《うた》っている地域の別の在宅医に臨時の対応を要請し、夜間に往診したとのこと。後から主治医に「余計なことをしてくれた」と文句を言われたとか。いろんな医者がいるものですね。

訪看ステーションにつながらないことはまずありませんが、それがだめなら主治医に、それからケアマネに、そして訪問介護事業所の緊急対応窓口へ、順番に電話をかければＯＫです。もしご本人にその余力が残っていたら、自分で携帯電話で連絡すればよいだけです。らくらくホンで、ワンタッチダイヤルの1から順番に連絡先を入れておきましょう。わたしと共著で『上野千鶴子が聞く　小笠原先生、ひとりで家で死ねますか？』（上野千鶴子・小笠原文雄、朝日新聞出版、２０１３年）を書いた日本在宅ホスピス協会会長の小笠原医師は、患者さんのお宅の枕元に、緊急時の連絡先として以上の電話番号を優先順位をつけて大きな数字で記したメモを貼りだしておくとのこと。

もうひとつ、わたしが不思議でならないことがあります。それは自分で電話をかけられる力のある高齢者が、緊急時に遠く離れて住んでいる子どもに電話することです。駆けつけるのに何時間もかかる距離にいる息子や娘に知らせるより、15分で来てもらえる訪問看護師や介護職の方が緊急時にはもっと役に立つと思うのですが。子どもたちだって医療や介護についてはしろうとです。にわかに判断はつきません。それに親が利用者になっている事業者の連絡先を知っているともかぎりません。途方に暮れるだけでしょう。そのうえ、昔なら夜中に連絡があっても、電車の始発まで動けない、ということもあったでしょうが、自動車で移動できる今日、その言い訳はききません。親から緊急の電話があるたびに、4時間かけてクルマを走らせる孝行息子の話を聞いたことがありますが、なんでご近所のプロに頼まないのか、と釈然としません。

自治体によっては、緊急コールボタンを配布しているところもあります。ですが、それも申請のあった高齢者だけです。その緊急コールボタンさえ、敷居が高くて押せない、だから子どもに連絡してしまう……という年寄りもいます。緊急コールボタンがそのまま119番に連動しているところさえあって、笑っちゃいました。庶民感情としては119番するのってハードルが高いもの。そんな気軽にダイアルするわけじゃありません。それよりハードルが低いからと、自治体の緊急コールボタンがあるのに、それが119番につながっているようでは何のためにあるかわかりません。視察に訪れた北欧では、訪問介護につながる在宅の高齢者には、事業所が緊急コールボタンをわたしていました。それもトイレや風呂場で倒れたら手が届かないことを配慮して、首から下げるペンダント式でした。あるひとり暮らしの男性高齢者をご自宅にお訪ねしたときには、ペンダントはデスクに置いてあり、たまたま訪問していた娘さんが、「首にかけておいてって言っても、言うこときかないのよ」と嘆いておられましたが。

心配いりません。加齢に伴う死は、穏やかなゆっくり死。「そろそろですね」という医療や介護職の予測は、ほぼ当たります。119番したばっかりに火事場の大騒ぎのような死に目に逢わなければならないことは、避けられます。そのためには、大量死時代の死の臨床像が変わったことを、もっと多くの人が知ること、そして病院死が決してのぞましい死ではないことを、学ぶことです。

子どもには背負える程度の負担を

それでもピンピンコロリをのぞむあなたに。

昨日まで元気だったのに、翌日死んでいた、というのを突然死、といいます。発見したひとは、119番ではなく110番するでしょう。そこから警察の介入が始まります。疾患もなく、死亡診断書を書いてくれる主治医もいない。となると異常死扱いで、解剖の対象になる場合もあります。事件性がないか、と周囲のひとたちが被疑者なみに扱われかねません。予期せぬ喪失に嘆き悲しんでいる遺族が疑われるなんて、あんまりです。となると、突然死は、はた迷惑な死だとも言えます。

それだけでなく、予期せぬ喪失は遺された者たちに、後悔と傷を残すもの。順調に加齢して、順当に要介護者になり、適切な介護と医療を受けて、家族にもほどほどの世話になりましょう。しばしば「家族に迷惑をかけたくない」ということばを聞きますが、これもほんとうに不思議です。「自分が親にやったような介護は子どもには期待できない」「自分がかかえた負担を子どもに味わわせたくない」というのは、家族を押し潰すほどの大きな負担を予想するからでしょう。そんなに大きな負担ではなく、背負いきれる程度の負担を背負ってもらっても、罰は当たりません。

わたしは子どもを生みませんでしたが、子どもを育てた高齢者には必ずこう聞くことにしています。「あなたの人生でもっとも時間とエネルギーとお金を使ったのは、子育てでしょう？」って。ほとんどの高齢者はイエス、と答えます。それなら少々子どもに負担をかけても、いいじゃありませんか。敬愛する桐島洋子さんが『媚びない老後』（中央公論新社、２０１７年）で、「子どもには媚びない。でも老後の面倒はみてもらうつもりです」と宣言したときには、我が意を得たりと感じました。シングルマザーとして３人の子どもを育てた桐島さんのパワーはなみたいていのものではなかったことでしょう。母親に世界中を連れあるいてもらった子どもたちは、母親が子育てにかけたエネルギーと苦労をよく知っています。周囲の親たちが「子どもに迷惑をかけたくない」というのを聞く度に、なんでそんなに子どもに遠慮するのだろう、桐島さんのように堂々と「あんたの世話になるわ」と言えばいいのに、と思ってきました。まるで子どもの顔色をみながら、いつまでも「与える側」でいたいと思っているようです。だからわたしは、「子どもの世話にならないよ」と減らず口を叩くよりも、「もしものときはよろしくね」くらいのことは言っておいたほうがよい、と言ってきました。そう言える相手のないわたしにとっては、羨ましい選択肢ですから。

それも背負いきれないほどの負担ではなく、背負いきれる程度の、ほどほどの負担を、家族には背負ってもらいましょう。それが可能になったのが介護保険以後です。

そして見送ったら、遺された家族には、「お父さん／お母さん、よくがんばったね」と、「これでボク／ワタシも肩の荷が降りたね」と、その両方の感情を味わってもらいましょう。この達成感も、死にゆく者が家族におくる贈り物ではないでしょうか。

第3章　施設はもういらない！

わたしが施設に行きたくない理由

読者のなかには、最期は病院か施設で、と固く信じているひとはいませんか？病院が死に場所でないことは第2章でもくりかえし述べました。政府はコストのかかる病院をこれ以上増やすつもりはありませんし、１１９番しても高齢者は歓迎されなくなるでしょう。介護保険が医療保険のコストをつけかえるためにできた事情はご存知ですね。それだけでなく、病院にいて幸せな年寄りはいません。病院はそもそも暮らしの場所ではありませんから。

それなら最期は施設で、となるでしょうか。最近では施設看取りをやってくれるところが増えてきました。ゆっくり下り坂をくだっている年寄りを病院にかつぎこむ必要はありません。居室で家族と職員がお看取りをする、よけいな医療的介入はしない、そういう同意書を、入居時に交わす施設もあります。

施設が合う、合わないに個人差はありますが、ホンネをいうと、わたしは施設にもデイサービスにも行きたくありません。集団生活がキライだからです。認知症の専門医の長谷川和夫先生が、認知症者にはデイケアが大事だと説きながら、いざご自分が認知症になると、デイサービスに出掛けて1日でイヤだ、と思ったそうです。思わず膝をうちました。デイサービスに行くことを勧めるのは家族のつごう、家にいてほしくないからです。だましたりすかしたりしてデイに行って、行ってみたら居心地がよかった、それから愉しみにしているというひともいるのはたしかですが、自分から進んで出かけるわけではありません。保育園に送られる子どもと同じです。

施設の機能はそこで生活が24時間完結することです。これを全制的施設（total institution）と呼びます。その典型が刑務所です。だから施設はある意味、刑務所のようなものなのです。しかも刑務所なら終身刑でもない限り、いつかは出て行けますが、高齢者施設は死体にならないと出て行けません。外出はさせてくれますが、職員の管理のもと、家族のもとへ外泊するにも許可が要ります。さる先進的な施設では、施設内に施設長さんご自慢のバーカウンターがあって、「すてきでしょ」とおっしゃるので、「入居者さんはよくいらっしゃいますか」と聞いたら、「それがあまり利用なさらないんですよ」という答え。そりゃそうだろう、と思いました。ちょっと一杯飲みに行きたい……それなら介護職にアテンドしてもらって近くの飲み屋さんに連れ出してもらう方がなんぼ楽しいことでしょう。お楽しみや気晴らしも含めて暮らしが24時間施設内で完結してしまうことを、全制的施設と言うのです。地域には寄り合いの場や喫茶店、レストラン、居酒屋、それに図書館やスポーツジムなどさまざまな都市機能があります。そういう場所がどこもバリアフリーになって、クルマ椅子のひとも認知症のひとも来られる、そこで働いているひとたちが介護士資格を持っていたり、認知症サポーターの研修を受けたりしている……そうなれば年寄りばかりが集まる特殊な場所などいらなくなるはずです。

高齢者施設の建設は総量規制で思うように増えません。建設コストがかかるので、政府も自治体も、増やしたいと思っていません。施設を増やせば、その自治体の介護保険料が確実に上がります。とりわけ土地の価格の高い大都市部では一床あたりのコストが高くつきすぎます。

サービス付き高齢者住宅ならよいか？

その間隙を縫って登場したのがサービス付き高齢者住宅というものでした。許認可の壁が低いので雨後の竹の子のように増えました。地域によっては供給過剰気味で空き室が埋まらないところもあります。施設とは違ってたんなる賃貸住宅ですから、外出は自由ですし、たとえ室内で転倒事故が起きても自己責任で事業者の責任は問われません。「サービス付き」というのは食事と安否確認がつく、という程度です。これまでは自立型サ高住とか住宅型サ高住とか言われてきましたが、「自立」できるなら、わざわざ自宅を離れて賃料を払ってまで賃貸住宅に住む理由がありません。サ高住の経営者はしばしば決心するなら元気なうちに……と勧めますが、それも集団生活に慣れるため。周囲に他人の気配を感じていないと不安という人には向くかもしれません。それにサ高住に入って料理から解放されたという女性もいます。樋口恵子さんは今年89歳、「調理定年」ということばを発明して、同世代の女性から大きな共感を得たといいます。1日朝晩2食、夫が定年で家にいるようになってからは昼も入れて1日3

食、もう調理はたくさん、という女性の気持ちはよくわかります。また調理能力のない男おひとりさまで、妻の死後サ高住に入居して3食の確保ができたというひともいます。でもそうなったらなったで、あてがいぶちの食事をガマンしなければなりません。わたしの年上の友人は有料老人ホームに入居してから、ずっと食事のまずさをこぼし続けてます。長年料理をしてきた女性には、食事にこだわりのあるひとも少なくありません。

　自立型サ高住に入居したのはよいものの、要介護になったらどうしたらよいのでしょうか？　最近の動向は医療・介護・住宅複合ビジネスが増えたことです。それも医療法人主導で、医療と介護の複合事業をもとに、サ高住の建設に乗り出す医療関係者がふえてきました。医療法人になら、金融機関も喜んでお金を貸すでしょう。

　いまいちばんもうかる介護系ビジネスは、サ高住に外付けの訪問介護を入れ、そこにさらに訪問看護と訪問医療をつける、というもの。サ高住の賃料と管理費で15万円程度、それに月額まるめての定期巡回介護、そこに訪問看護と訪問医療、不定期の往診などで積み増ししていけば20万〜30万円程度になります。利用者の側からしてみれば、ちょっとした有料老人ホーム並みのコストがかかります。

なんだかな、と感じるのは、医療・看護・介護をまるがかえした医療法人への利用者の系列化が起きることです。厚労省もそれを承知しているのか、同一建物への複数の訪問診療は点数を減額するとか、ケアマネに複数の事業所を利用するよう誘導するとかしていますが、こういうサ高住にいったん入ったら、途中で主治医を替えたくても替えられないことでしょう。

看取りビジネスもピンからキリまで。ホームホスピス宮崎「かあさんの家」のように良心的なところもありますが、悪徳業者もいます。こんな例がありました。名古屋近郊のサ高住が医療法人と結託して、医療依存の高い退院患者を専門に受け容れていました。それもふつうの施設がいやがる胃《い》瘻《ろう》付設をした高齢者ばかりです。そのサ高住に提携した病院からたび重なる往診が頻発し、ひとりあたり一カ月の診療報酬請求額が１００万円を越したために、行政の摘発が入りました。入居者の利用料は月額15万円程度、「かあさんの家」と変わりません。これでお看取りまでしてもらえます。摘発された経営者は「ご家族から感謝こそされ、クレームを受けたことは一度もありません」と開き直りました。それにしても悪知恵にたけた事業者はいるものだと感心しました。全員胃瘻付設者なら、厨房設備も、厨房職員も要りませんから。

サ高住のサービスの品質管理はほとんど野放し状態です。最近ではサ高住でも看取りをしてもらえるようになりましたし、評判のよいサ高住があるのもたしかです。事業者がたくさん参入すれば、そのあいだで競争が起きて淘汰されていくでしょう。それでよいのですが、それなら何も自宅を離れて賃貸住宅で集団生活をしなければならない理由もなさそうです。家賃を払わなくてもすむ自宅で、サ高住と同じく訪問介護・訪問看護・訪問医療の3点セットを外付けすればよいだけですから。

日本を「収容所列島」にすべきか？

施設はもういらない、というのがわたしの立場です。施設が足りないというけれど、これ以上作らなくてもいい。作ったが最後、施設は持ち重りします。建物は管理しなければならないし、雇用は維持しなければならないし、ベッドは埋めなければなりません。施設を作りすぎた地域では、年寄りの奪い合いが始まっているとも聞きました。

２０１５年施行の医療・介護一括法（医療介護総合確保推進法）で、施設入居の条件が要介護3以上に厳格化されてから、待機高齢者は激減しました。それでも待機高齢者を全員収容するだけの施設をつくれば、29万人分の施設が必要になります。それでは日本は「収容所列島」になってしまうでしょう。

　施設と病院の好きな年寄りはいない……これが現場を歩いたわたしの確信です。病院は患者のつごうに合わせてではなく、医療職のつごうに合わせて作ってあります。病院がガマンできるのは、いずれ出て行く希望があるから。施設は入ったが最後、死ぬまで出られません。その施設をできるだけ暮らしの場に近づけようと、建築家の外山義《とやまただし》さんが『自宅でない在宅』（医学書院、２００３年）を唱え、個室特養を基本にするという理想を掲げました。２００３年には全室個室特養を「新型特養」と呼んで助成した厚労官僚の思いも、わずか3年でホテルコスト（居住費）徴収という挫折を味わい、事業者は梯子をはずされました。ですが、わたしの目からは、個室特養はいずれ在宅介護に移行するための過渡期の産物だった、とあとになって歴史的に位置づけられるのではないかとの思いが消えません。事実、世界の高齢者介護の流れは、施設から住宅へと完全にシフトしています。デンマークでは１９８８年にプライエムと呼ばれる老人ホームの建設が法律で禁止され、プライエムはプライエボーリという高齢者用住宅へと様変わりしています。実態はプライエムの個室を拡充して部屋ごとに郵便受けをつけただけのような改築もありましたが、基本は高齢者に住宅に住んでもらってできるだけ自立した暮らしを営んでもらうという理念です。だとしたらその住宅が集合住宅であるか、そうでないかは大きな違いではありません。それにわたしにどうしても納得がいかないのは、年寄りばかりが集まって暮らさなければならない理由がわからないことです。

　高齢者はいわば中途障害者のようなものです。高齢者も障害者も、老若男女が集まるふつうの街にふつうに住む、それをノーマライゼーションといいます。街が変われば、施設なんていらなくなります。

看取りのコストは「病院」＞「施設」＞「在宅」

　在宅で死ねることはわかった。だけど、家族のいないわたしには、お金がかかるのじゃないかしら、と不安に感じている人は多いのじゃないでしょうか。家族の人手がたりないところは他人に頼るほかありません。日本の介護保険はもともと独居の高齢者が在宅で死ぬことを想定していません。介護保険の要介護認定制度は、これ以上使わせないという関門のようなものですから、利用料上限を超えて使おうと思ったら自己負担率がいっきょに10割に跳ね上がります。

それではいったいいくらかかるのか？　不安に思っているひとも多いでしょう。

世の中には在宅医療をやってくれる訪問医が各地に増えて、そのなかにはカリスマ訪問医と言われる名医が登場しました。そのひとたちが、ワタシは、ボクは、こんなふうに在宅看取りをやってきた、という経験談を本に書いておられます。徳永進医師の『在宅ホスピスノート』（講談社、２０１５年）や、小堀鷗一郎医師の『死を生きた人びと——訪問診療医と３５５人の患者』（みすず書房、２０１８年）、川越厚医師の『ひとり、家で穏やかに死ぬ方法』（主婦と生活社、２０１５年）など。医師にはうまい文章の書き手が多く、どの方の本も感動的ですが、いかんせん、ドクターは品がよいのか、お金についてお書きになりません。この死に方、いったいいくらかかったん

上村さんが亡くなるまでの3カ月間の自己負担額

		1月分(31日分)	2月分(28日分)	3月分(17日分)
医療保険	医師	64,480円	67,670円	200,920円
	薬代	14,200円	12,200円	11,600円
	看護師			61,300円
	小計	78,680円	79,870円	273,820円
	自己負担	7,860円	7,980円	8,000円
介護保険	看護師	9,710円	31,000円	
	ヘルパー	296,290円	275,000円	227,380円
	居宅療養管理料	2,900円	2,900円	2,900円
	小計	308,900円	308,900円	230,280円
	自己負担	30,890円	30,890円	23,028円
自費	ヘルパー	36,820円	42,310円	
	交通費			150円
	死亡診断書等			20,000円
	小計	36,820円	42,310円	20,150円
	合計	**424,400円**	**431,080円**	**524,250円**
	実質の自己負担	**75,570円**	**81,180円**	**51,178円**

※医療保険の自己負担は後期高齢者医療限度額適用・標準負担額減額認定証保持の場合、1カ月に在宅8000円が限度（金額は当時のもの）。
出典　『なんとめでたいご臨終』（小笠原文雄　小学館、2017年）

だろう、と思うのは、決して不謹慎な問いではないと思います。

小笠原文雄さんはわたしとの共著、『上野千鶴子が聞く　小笠原先生、ひとりで家で死ねますか？』の後に、『なんとめでたいご臨終』（小学館、２０１７年）という単著をお出しになりました。とってもよい本です。何がよいって、おひとりさまの在宅死のコストがはっきり書いてあるからです。右の表は在宅の認知症、80代のおひとりさま、上村さん（仮名）の死の直前３カ月間にかかった経費です。上村さんのお宅へは、わたしも小笠原さんに同行しました。そしてあとで、ドクターから「ご本人のご希望通り、ご自宅からお見送りしましたよ」というご連絡をいただきました。

　それによれば医療保険の本人１割負担、介護保険の本人１割負担に加えて、自己負担サービスが月額３万～４万円。これは死の３カ月前に、夜が不安だとおっしゃるので、自費で夜間ヘルパーさんを入れた経費だそうです。総額は月に40万～50万、本人負担は７万～８万程度にすぎません。在宅ひとり死は、お金はいくらかはかかるが、いくらもはかからない、と言ってきたことが、データで裏づけられた思いです。

　公費負担はどうなるんだ、とお考えでしょうか。政府が在宅死へと誘導する理由は、あきらかにコストが安くつくからです。看取りのコストは、病院＞施設＞在宅の順で高くなります。平均値はわかりませんが、病院死の場合、死の１カ月前にかかる医療保険の平均診療報酬請求額は１００万円を越えるというデータを見たことがあります。高齢者の場合は、高額医療費の減免制度がありますから、自己負担は軽くてすむかもしれませんが、これに差額ベッド代がつきます。臨終期を迎えた患者さんを他の患者さんと一緒にしておくと心理的によい影響がないとして、最末期の患者さんを個室に移すところもあります。また家族が集まって存分に嘆き悲しむためにも、臨終は個室でというのが一般的なようです。病院の個室差額ベッド料はシティホテルなみの値段ですから、死にかけた年寄りがそこで何日も過ごされたら家族の負担も重くなるでしょう。運良くホスピス棟に入院できても、ホスピスも個室が原則、一日あたりのコストは4万円を越します。

施設看取りもやってもらえるようになりました。終末期の利用者がいることで、負担が増えるのは施設側。看取りをした施設には看取り加算などの配慮がありますが、利用者は定額を払うだけで特別の料金はいりません。ですが、施設には最初に建設コストがかかっています。その分がホテルコスト（居住費）として利用料には含まれています。個室特養ならホテルコスト7万〜8万円込みで月額利用料14万〜15万円、サービスコストは実質ここからホテルコストを差し引いた残り、7万〜8万程度ですから、上村さんの在宅看取りにかかった自己負担分のコストと変わりません。四人部屋などの多床室だとこのホテルコストはかかりませんので、利用料はほぼ半額になりますが、それなら同じ負担額で自分の家にいられるほうが、ずっと幸せでしょう。おひとりさまなら自宅が全部個室ですから。何より、家賃を払わずにすむ持ち家を保有している年寄りが、わざわざ賃料を払って施設に入居する理由がわたしにはわかりません。居住コストにかかる費用を自費負担サービスに充てれば、もっと手厚いケアを受けられるでしょう。

「在宅ひとり死」に、お金はいくら必要か？

在宅ひとり死を唱えると、ただちに費用が天井知らずになる、と怖れる人たちがいます。この人たちは、終末期を迎えた高齢者には24時間誰かがはりついていなければならないと固く思いこんでいるようです。たとえ終末期でも、病院や施設で誰かが傍に24時間はりついていることはありません。何時間かおきに巡回に来るだけです。それなら定期巡回の訪問介護を受けるのと同じ。病院ならそのあいだ、モニターにつながれて体調の変化をチェックしてくれますが、アラームが鳴れば看護師が駆けつけるだけ。交替時間毎にくるくる替わる看護師が忙しそうに立ち働く職場で、モニターにつながれて最期を迎えることを、小笠原さんは「病院内孤独死」と呼んでいます。そんなに心配なら家に緊急コールをつけておけばいいのですし、それさえ押せなくなるのが終末期なら、病院並みの呼吸、血圧、血中酸素濃度などの計測モニターが医療センターと直結する遠隔システムなど、今日のテクノロジーならかんたんにできるでしょう。

　介護保険は独居の在宅看取りを想定していない、と書きました。終末期のＱＯＬ（Quality of Life 生活の質）を高めたければ、自費サービスを入れればよい、というのが、政府の方針のようです。医療保険では禁止されている自費サービスと公費サービスの混合利用を、介護保険では厚労省は積極的に勧めています。『地域包括ケアシステム構築に向けた公的介護保険外サービスの参考事例集——保険外サービス活用ガイドブック』（厚生労働省・農林水産省・経済産業省、２０１６年）などという報告書には、そういう自費サービスを提供してくれる事業者が、「モデル事業」としていくつも紹介してあります。

もちろん自費サービスは安くありません。介護サービスの公定価格をそのまま10割負担にして提供する事業所もありますし、保険外自費サービスに独自の料金体系を適用しているところもあります。そのモデル事業所のひとつ、ヘルパー指名制で有名なグレースケア機構の代表、柳本文貴さんに、これまでの在宅看取りの事例のうちで、自費負担がもっとも高額だった例を教えてもらいました。最高額で月額１６０万円だったそうです。

びっくりなさるでしょうか？　わたしは逆にほっとしました。なぜなら一日は24時間、１カ月は30日、逆立ちしてもこれ以上は使いようがないからです。柳本さんに重ねて訊ねました。「それはどのくらいの期間、続きましたか？」と。約２カ月半、およそ４００万円です。終末期は永遠には続きません。かならず終わりが来ます。この程度の額なら、日本の小金持ちのお年寄りは蓄えを持っているのではないでしょうか。小笠原さんによれば、在宅ひとり死の費用は30万から３００万まで。この程度の費用を用意しておけば家で死ねる、そうです。そればかりか、独居で相続人のいない高齢者が死後にかなりの額の資産を遺していると知りました。相続人がいなければ遺産は全額国庫に没収されます。そのくらいなら、生きているあいだに生き金として使っておけばよかったのに、と思わずにいられません。

小笠原さんからその後、さらに朗報を聞きました。

「ボクね、独居の在宅看取りの経験値があがって、医療保険と介護保険の自己負担額の範囲内で見送りができるようになった」って。

お金のあるひとはあるひとなりに、お金のないひとはないひとなりに。グルメにもA級グルメ、B級グルメ、C級グルメがあるように、高級フランス料理や会席ばかりがグルメではありません。ふところ具合に応じたB級、C級のグルメもあります。何よりあばら家だろうがゴミ屋敷だろうが、住み慣れた自分の家に最期までいられるほどお年寄りにとって幸せなことはないでしょう。

小笠原さんの言うとおり、現場の経験値はどんどん上がっています。かつては施設でも訪問でも、看取りを怖がったり、ショックを受ける介護職への配慮が必要でした。ですから施設の責任者やケアマネは、終末期のお年寄りがいるところにはベテランを配置するとか、職員の手当を手厚くするとかの努力をしてきました。ですが、現場での経験値が上がるにつれ、高齢者の死はおだやかなゆっくり死だということがわかってきました。「死ぬのに医者はいらない」という本を、医者自らが書いているように、死ぬのに医者は要りません。医者は死んだ後に死亡診断書を書いてもらうために要ります。あらかじめ主治医として訪問医療を受けていれば、医者に立ち会ってもらわなくても死亡診断書は書いてもらえます。

医者のなかには、自分が主治医として担当した患者の臨終には立ち会いたいというこだわりを持って深夜早朝でも往診する医者もいますが、死ぬことが予期できる患者に対しては、家族から一報を受けたあと、夜が明けてからゆっくり患者宅へ赴く医者もいます。そのあいだのエンゼルケア（清拭や死化粧などの死後の処理）は、訪問看護師が家族と共に行います。

最近現場で聞くのは次のような声です。

「死ぬのに医者は要りません。わたしたち看護師だけでじゅうぶんお看取りができます」

そればかりか、介護職の人たちの経験値もあがり、こうおっしゃいます。

「死ぬのに医者も看護師も要りません。わたしたち介護職だけでお看取りできます」考えてみればかつての在宅看取りは、医療職でも介護職でもないしろうとの家族がやっていたのですから、できないわけはないのです。

在宅看取りは介護職がパニクると言われたのはひと昔前のこと。現場を経験してみれば、在宅のお看取りは穏やかなものだと、専門職の人たちが場数を踏んで自信をつけてきました。

高齢者の死はゆっくり死だと書きました。下り坂をゆっくりくだっていくお年寄りの日常を見ている介護職は、「そろそろかな」と感じとります。そうなれば離れているご家族に喪服を持ってお越し下さい、と声をかけることは前著で書きました。ですから、ひとりで死にたくない、誰かに見守られて死にたいとお望みなら、それはかなえられます。ですが、わたしなどふだんからおひとりさま、それが臨終のときだけ、親族縁者が死の床の周りを囲むなんて、シュールすぎます。できれば静かに逝かせてほしいものです。

第4章

「孤独死」なんて怖くない

「孤独死して発見される」のが怖い人へ

「30代で離婚してから30年。子どももいないので、気ままに暮らしてきましたが、老後を迎えて愕然としています。このままだとある日、孤独死して発見されるのではないかと不安です」

わたしのもとにしばしば寄せられるお悩みです。ですが、心配はいりません。

「孤独死」を世間に広めたのは、死後処理業を営む吉田太一さんのベストセラー、『遺品整理屋は見た！』（扶桑社文庫、２００９年）でした。死後何週間も何カ月も経って発見される遺体。夏の暑さで遺体は溶けて畳は抜け、異臭が耐えがたく、近隣の通報でようやく大家さんが扉を開ける……その酸鼻《さんび》のさまは、読んでいるこちらにまで異臭が漂ってくるようなリアルさですが、実のところ、それを読んで心底ほっとしたことを覚えています。

というのも、孤独死するひとびとは圧倒的に男性、しかも年齢は50代後半から60代。

高齢者ですらない。つまりこれは中高年男性問題であって、高齢女性問題ではないことがわかったからです。

孤独死したひとびとは、生きているうちから孤立した生を送っています。孤立した生が孤独死を招くので、生きているあいだに孤立していなければ、孤独死を怖れることもありません。女おひとりさまには、怖れる理由は何もないといえます。なぜなら女おひとりさまは、男おひとりさまと違って、友人ネットワークを確保しているひとが多いからです。

これもふしぎでしかたがないのは、主婦は社会人と呼ばれず、会社員は社会人なのに、長年社会人をやってきた男性が身に付けてきた「社会性」って、老後には何の役にも立たないのだろうか、という疑問です。男性がやってきたのは「会社人」であって「社会人」じゃないんだよ、というひともいます。「会社人」なら会社を離れたら通用しないのももっともでしょう。それに男性の社会性とは、利害関係にもとづくものばかりで、利害を離れた人間関係を持たないのかもしれません。ちなみにわたしは男性を論理的な生きものだと思ったことがありません（笑）。彼ら（の多く）は論理ではなく、利害で動くからです。

孤立した生には、家族の不在が関わっています。孤独死男性には、非婚者とシングル・アゲインすなわち離婚者も多いようです。50歳に達したときに、一度も結婚の経験のない人をさす生涯非婚率は、ついに男性が４人にひとり、女性が７人にひとりに達しました。今日30代の非婚率は男性が３人にひとり、女性が４人にひとり、と言われていますが、この人たちがこのまま持ち上がれば、非婚率はますます上昇するでしょう。

離婚者はいったんは家族形成したひとたちですが、男性離婚者と女性離婚者とではその後の暮らしぶりが大きく違います。離別後単独親権しか認めない日本では、親権の８割以上が母親に行きます。離別女性はシングルはシングルでも、シングル・マザーになる可能性が高いです。彼女たちは貧困に苦しむかもしれませんが、一生懸命育てた子どもとのあいだに絆があります。他方、日本では別れた父親は、親権を放棄するだけでなく、慰謝料もじゅうぶんに払わず、取り決めた養育費の支払いも滞りがちになる傾向があります。つまり日本の男親は別れた家族をかんたんに見捨てるのですが、その代わり家族からも見捨てられます。それ以前に、離別に際して、じゅうぶんに意思を表明する年齢に達した子どもに、「お父さんとお母さん、どちらを選ぶ？」と訊いても、けっして選ばれないような父と子の疎遠な関係が、家庭内でできてしまっているのでしょう。

離別男おひとりさまといえば、わたしの脳裏にまっさきに思い浮かぶのは、あのプロ野球の元ヒーロー、清原和博さん。妻子と別れ、ますます違法薬物に依存して、逮捕されました。彼の寂寥と孤独を埋めるのは、ドラッグしかなかったのか、と慄然としました。あれだけ心身を鍛え抜いたヒーローでも、こんな弱さを抱えていたのかと。

「孤独死」の定義とは？

孤独死には、確たる定義がありません。最近の不祥事で信頼を失った統計ですが、『平成29年版高齢社会白書』には、東京都監察医務院による東京都23区内のデータが紹介されています。それによると孤独死件数は年々増加傾向にあり、２０１５年には年間３１２７人に達しました。もうひとつの統計は、都市再生機構（昔の日本住宅公団）によるデータ。機構が管理運営する74万戸の住宅で、孤独死した居住者は２０１５年で１７９件、うち65歳未満がほぼ４分の１を占めるとか。

都市再生機構による定義は、以下のとおり。「団地内で発生した死亡事故のうち、病死又は変死の一態様で、死亡時に単身居住している賃借人が、誰にも看取られることなく賃貸住宅内で死亡し、かつ相当期間（１週間を超えて）発見されなかった事故（ただし、家族や知人等による見守りが日常的になされていたことが明らかな場合、自殺の場合及び他殺の場合は除く）」とあります。

これらに代わる全国統計がないのは、自治体ごとに定義が異なるからです。「死後相当期間以上経って」が、東京都では24時間ルール、他の自治体では48時間から72時間とさまざま。

これまでのところ、各種の統計を総合してみると、孤独死の定義は以下の４条件を満たしたもの、となります。

①単身者が自宅で死んで、

②立ち会い人がおらず、
③事件性がなく、
④死後一定時間以上経過して発見されたもの

順に検討してみましょう。

①の単身者の在宅死は、単身世帯率が高くなれば、当然高くなるでしょう。２０１５年のデータによれば65歳以上の高齢者を含む世帯のうち単身世帯率は高齢者に限れば26・３％、すべての年齢層では34・６％に達します。単身世帯率は全世代を通じて増加しており、30代の孤独死件数も増えています。

戦前から戦争直後にかけては、「孤独死」ではなく「行路死」というカテゴリーがありました。柳田国男の『明治大正史世相篇』（東洋文庫、１９６７年）には、都会を放浪していた老人が登場します。その老人が背負った荷には、先祖代々の位牌が大事に持ち運ばれていたとか。人口都市化と共同体の解体、家族の崩壊を象徴する、印象的なできごとでした。この老人が行き倒れで発見されたら、「行路死」に分類されていたことでしょう。
②の立ち会い人のいない死については後述します。
③の事件性がないことは、「自殺や他殺ではない」「変死に当たらない」ことを意味します。よく在宅でひとりで死んだり死なれたりすると、警察が入っておおごとになり、そのうえ解剖に付されて遺体が戻ってこなくなるのではないか、と心配するひとがいます。「自殺や他殺ではない」ことは、発見者が判断できる場合が多いでしょう。死体を見つけたときに、110番したり、119番したりしなければいいのです。どうしたらいいか、ですって？ すでに死亡していれば、今さら119番する必要はありませんし、ましてや不審死でなければ110番する理由もありません。が、死亡診断書を書いてもらわないと、茶毘に付せません。ですから主治医が必要なのです。「突然死」は「変死」に当たります。昨日までピンピンしていたひとが翌朝冷たくなっていたら、そりゃヘンです。PPKことピンピンコロリは、その実「突然死」願望と言ってよいでしょう。若いひとの場合には、急性心不全のような突然死がありうるかもしれませんが、高齢者の場合は心配には及びません。加齢にともなってフレイル

期と呼ばれる要介護状態がほぼ確実に訪れますから、そのときに要介護認定を受けていれば、かならずケアマネージャーがつき、持病があれば主治医がつきます。加齢はゆっくり進行しますから、高齢者の死は予測できるゆっくり死。ですから突然死になるケースは少ないといえます。突然死をのぞんでもムダ、それに遺族にしてみれば、予兆もなく突然死なれたら、悔いが残ります。突然死を避けるにこしたことはありません。

ケアマネがつき、主治医がつけば、死亡診断書は書いてもらえます。医師法の規定では「死亡前24時間以内に患者を診療していること」が条件となっていますが、現場ではこの運用はもっと柔軟です。訪問診療の頻度は通常2週間に1回程度、死期が近くなっても週に2回、毎日入るのはよほどの末期ですが、訪問診療の対象に入っていれば、主治医は死亡診断書を書いてくれます。「心不全」や「老衰」と書いてあれば、実は死因はよくわからない、いつ死んでもふしぎではない状態にいたということです。死にかけているひとを、わざわざ殺すに及びませんから「事件性はない」と判断できたら、死体をみつけて動転して、119番したり110番したりする手を止めればいいんです。代わりにケアマネさんか、訪問看護ステーション、主治医に電話しましょう。

見守りと監視のあいだ

④の「死後一定時間以上経過して発見されたもの」の定義は、さまざま。メディアで「孤独死」として話題になるのは数週間から数カ月まで、長期間にわたって発見されなかったケース。なかには「消えた高齢者」のように、何年も経ってから白骨化して発見されたケースもあります。隣の部屋の布団の上で死んだ高齢者が白骨化していたというケースなどは、その期間、隣室にいて家族はどうやって暮らしていたのだろう、と気にかかります。その理由は、家族が死亡届を出さずに年金詐取をしていたというもの。それなら①の単身世帯の在宅死という定義にあてはまりませんから、孤独死とはいえません。

この「死後一定時間」は自治体ごとに違います。東京都基準では「24時間ルール」があるそうですが、このルールを緩和してくれれば、という現場の嘆きを聞きました。

24時間が48時間や72時間になれば、統計データはすぐに変わるでしょう。多いのは「1週間以上」。夏場なら腐敗が始まるし、冬でも暖房器具がつけっぱなしなら腐敗は早い。高齢者が風呂場でなくなるケースは多く、最近の湯温を一定に保つ装置がついているお風呂だと、浴槽のなかで遺体がどろどろに溶けるそうです。想像するだにおぞましい光景ですが、入浴中の死は、もしかしたらご本人にとっては幸せかもしれません。

だとすれば「孤独死」防止のキモは、死後の発見を早めればよいだけになります。死後一定時間、それも相当期間経過して発見されるというのは、誰も訪れる者がおらず、社会的に孤立した生を送っていることの結果であって、その逆ではありません。だから「孤独死防止キャンペーン」は、「孤立生防止キャンペーン」になるべきなのです。最近では、独居高齢者の1日1回の安否確認などに取り組む自治体が増えてきました。

独居は孤立、同居は安心……という思いこみにも、大きな落とし穴があることが、香川県高松市の高齢者見守りネットワークの実践からもわかりました。高松市は大胆な地方自治体改革で有名なところですが、そこで市が民間の70事業者と提携して、独居高齢者の見守りネットワークを構築しました。その民間事業者には、だれでも思い付く新聞配達や郵便局のほかに、電気・ガス・水道の検針業者が含まれていて感心したものです。水を使わずに生活することはできません。トイレを1回使うだけで、水道の針は動きます。水道のメーターに動きがなければ、何かあった、と思う十分な理由になります。

自治体が見守りネットワークの構築に熱心になるのは、孤独死を出したという不名誉な報道をされないため、と邪推したくなりますが、この見守りネットワークにも落とし穴がありました。自治体が見守り対象としたのは、高齢者の単身世帯。ところが実際に起きた孤独死のケースは、二件とも同居世帯でした。一件は高齢の姉妹が共に室内で死んでいたというもの。もう一件は、高齢の母親と障害をもった初老の息子が共になくなっていたというもの。おそらく母親が先に倒れて、介助を受けられなくなった息子が窮死したものと思われます。行政の見守りの対象は独居高齢者だけでした。

「家族がいれば安心」の盲点を衝いたケースです。家族がいても、家族ごと地域から孤立しているケースはままあります。定義上「単身世帯の在宅死」にあてはまらないこの事例は、「孤独死」統計にカウントされるのでしょうか？

　高松市での高齢者介護のシンポジウムに参加したとき、この見守りネットワークに参加している民生委員さんの発言が印象的でした。その方は、「見守りは監視とすれすれ」と発言しました。そういえば戦時中には向こう三軒両隣とか「隣組」という相互監視システムがありました。プライバシーのない息の詰まるような監視社会です。もし孤独死がそんなに不安なら——ほとんどの場合、それは残された側の面倒を避けたいというエゴイズムのあらわれですが——高齢者の居室に監視カメラかセンサーをつけておけばよいのです。24時間ぴくりともセンサーが反応しなかったら、ドアを蹴破ってでも中に入ればよいでしょうが、これこそ究極の監視社会でしょう。

　これも心配しなくてもすみます。ほとんどの高齢者がいやおうなく経過するフレイル期に、介護保険のお世話になるからです。要介護認定率は年齢とともに上昇し、平均寿命を超えた90歳以上では、女性83・0％、男性67・0％。7、8割以上の高齢者が介護保険のお世話になって死ねます。要介護認定を受ければ、ケアマネがつき、訪問介護が入り、デイサービスのお迎えが来る。週に2回でもひとの出入りがあれば、「1週間以上経過して発見される」という事態は避けられます。

死ぬのに「立ち会い人」は必要か？

そうなれば、「孤独死」の定義のうち、最後に残るのはただひとつ、②の「立ち会い人のいない死」ということになります。

ところで立ち会い人のいる、いないは、死にゆくひとにとって、そんなに重要なことでしょうか？　単身独居の高齢者なら、家にひとりでいるのはデフォルト、人の出入りはあるかもしれませんが、24時間誰かがいるわけではありません。おひとりさまなら、ひとりで暮らして、ひとりで老いて、ひとりで介護を受ける……そしてある日、ひとりで死んでいる。それがそんなに特別なことでしょうか？　わたしなど、ひとりでいることが基本ですから、死ぬ時にだけ、親族縁者、友人知人が枕元に大集合するなんて、かえって不自然に思えます。

家族が同居していたって、寝ていたり、外出していたりすることがあります。地方では見かけは三世代同居の家族でも、働ける者は全員出払っていますから、要介護度4や5の寝たきりの高齢者が、日中独居でいることはざらにあります。いまどき「嫁」という名の成人女性が、24時間家を守っているなんてことはありえません。家族の目が離れた隙に死なれたら、それも「立ち会い人のいない死」になるのでしょうか？

　これが施設や病院なら、孤独死は避けられる、と思っているひとは多いようです。施設だって職員が数時間毎に見回りに入るだけ。巡回と巡回のあいまに死んでいることだってあるでしょう。病院だって、看護師さんが24時間張り付いているわけではありません。各種のモニターがついて、ナースステーションに異変を知らせるアラームが鳴れば、誰かが駆けつけてくれるかもしれませんが、それだって機械が知らせる死です。それどころか、マニュアルに従って、医師が電気ショックや心臓マッサージを始めたりして、安らかであるべき死が火事場のようになりかねません。

　日本在宅ホスピス協会会長の小笠原文雄医師は、これを「病院内孤独死」と呼びます。病院や施設にいれば「立ち会い人のある死」になるとは限らないのです。

ちなみに小笠原さんの持論は、「ひとは死に時を選ぶ」というもの。大好きな孫が到着するのを待ってから死ぬとか、一番お気に入りのヘルパーさんが見守るなかで息を引き取るとか。ほんまかいな、と思うようなエピソードをたくさん聞きました。医師によっては、家族の強い意向で、「とにかく長男が来るまでは保たせてください」と、無理な延命処置をする場合もあるそうです。いくつもの独居の看取りをしてきたが、ひとりで死ぬ事例はなかったというのが、小笠原さんの主張でしたが、それも独居の看取りの事例が小笠原クリニックでまだ少なかった頃のこと。事例が蓄積してきて、いまや三桁に達しようという時に、「先生、誰もいないところで死ぬひとだっているでしょ」と尋ねたら、「そうだね、いろいろだね」と。そりゃそうだろう、と思います。

ひとりで死なせない、「抱きしめて送る」とがんばるのは、看取り士養成に携わる柴田久美子さん。たとえどんなに惨憺たる人生でも、終末の１％が幸せだったら、そのひとの人生は成功だ、というのが柴田さんの持論です。その最期の１％を支えるのが、看取り士なんだそうです。『ケアのカリスマたち』（亜紀書房、２０１５年）で対談したとき、「わたしはひとりで死にます」と言ったら、「ひとりにはさせません、わたしが抱きしめて送ります」と言われてしまいました（笑）。

高齢者のグループリビング、ＣＯＣＯ湘南台で暮らす西條節子さんに話を聞いたときのことです。ガン末期で死の床にあった入居者を、最期までかたときもひとりにしない、と仲間でローテーションを組んで見守ったとき、死にゆくひとから「たまには、ひとりにしてください」と言われたとか。取材でおもしろいのは、こんなエピソードを聞くことです。

講演では聴衆に、「死ぬ時に子や孫に囲まれていたいですか？」「誰かに手を握っていてほしいですか？」と尋ねます。反応に地域差が大きいと感じます。ある地方では、高齢の男性がいきおいよく手を上げました。さる地方都市では、聴衆は固まりました。都内では５００人の会場の高齢女性たちが、いっせいに首を横に振りました。手を握っていてほしいと言っても、誰でもよいわけではないでしょう。愛するひとにか、それともヘルパーさんでもいいのか。長生きすれば愛するひとがひとりずついなくなるのが、宿命です。

看取りの医者に訊いたことがあります。臨終のときに、誰が周りにいるか、わかるものですか？　と。「いやあ、そんなことわかりませんよ。死ぬ時には脳内麻薬といわれるエンドルフィンが出て多幸状態になりますから、傍に誰がいたって関係ありません」という医者もいるし、「誰が手を握っているかなんて、わからないでしょう」という答え。「先生、死んだことがないのに、どうしてわかるんですか？」と訊いたら、死に方を見ていたらわかります、とか。

医者によっては、五感のうち聴覚だけは最期まで残るから、声をかけてあげるといいですよ、というひともいます。こんなエピソードを聞きました。おじいさんの死の床の周りを子や孫が取り囲んで、孫がふとんにすがって「おじいちゃ〜ん」と声をかけ続けていたときのこと。おじいさんがはっきりした声で言ったのが「うるさいっ」。死ぬ時ぐらい、静かに死なせてくれよ、といいたい気持ちはわかります。

古い友人で天涯孤独、独居の男性を鳥取市在住の看取りの医者、徳永進さんに託したことがあります。徳永医師は舌がんで手術した後、声を失った彼と筆談でコミュニケーションし、このまま在宅で死にたいと意思を確認しました。ある朝、ヘルパーさんが訪問すると、ベッドで死んでいたそうです。身の廻りをすべて整理して、みごとなおひとりさまの逝き方だった、と後日談を聞きました。書と篆刻《てんこく》をよくし、酒と茶にうるさい、狷介孤高の彼にふさわしい最期でした。

看取り立ち会いコンプレックス

それなら「立ち会い人のいない死」にこだわるのは、死にゆくひと、死なれるひとのどちら側なのでしょう？　取材から見えてきたのは、臨終に立ち会いたいというのは死ぬ側ではなく、死なれる側のこだわりだということでした。わたしはこれを「看取り立ち会いコンプレックス」と名付けました。長く在宅介護を続けてきた母ひとり子ひとりの友人が、自分の外出中に母を逝かせてしまった、と自分を責め続けていました。それまで長きにわたって共に時間を過ごしたのだもの、最期の一瞬を共にしなくても、と思いますが、ご本人は納得しないよう。それまでにだって、いくらでもお別れと感謝を伝える時間はあったでしょうに、いまわの際に死の床にとりすがることもないでしょう。超高齢社会の死はゆっくり死。予期できる死です。別れと感謝は、機会あるごとに伝えておけばよい、とわたしなどは思います。

石牟礼道子さんが臨終を迎えたとき、長年の盟友にして無二の理解者だった渡辺京二さんは、その場をはずした、と聞きました。「あのひとは泣きに帰ったんですよ」と周囲にいたひとはコメントしましたが、ご本人の弁は、「別れはとっくにすませていた」と。

看取り士の柴田さんは、作家の瀬戸内寂聴さんが玄侑宗久さんの小説『アミターバ――無量光明』（新潮社、２００３年）に触れて、「人は旅立つ時、25メートルプール５２９杯分の水を瞬時に沸騰させるくらいのエネルギーを傍らにいる人にわたす」という発言を紹介しています。疑り深いわたしは、どうやって測るのだろう、と疑心だらけですが、柴田さんによると、その死者が受け渡すエネルギーを遺された側が受け取らないのは、もったいないとか。それならますます、看取りに立ち会うのは、看取る側のこだわりだと思えてきます。

オーストラリアでケアの仕事をしている友人が教えてくれました。末期の床にある母親を、イギリスに住んでいる息子が訪ねてきたそうです。オーストラリアのひとびとは英語圏に仕事があれば、世界中どこにでも移動します。子どもが遠くにいるといっても、ハンパでなく遠い、世界各地に離散している家族がたくさんいます。その母親が半年後に亡くなったときに、介護者がイギリス在住の息子に知らせました。息子の答えは「別れはもうすませたから、埋葬はそちらでやってくれ」というもの。「こんな別れ方もあるんですねえ。日本人のわたしにはついていけませんけど……」というコメントつきで、その話をしてくれました。こんな別れ方、日本の近未来になるかもしれません。

最近わたしは、別れと感謝は、相手の耳に聞こえるところで、相手に伝わるあいだに、何度でも言っておけばよい、と考えるようになりました。死の床にとりすがって、「お母さん、あなたの息子で、ボクはうれしいよ」と泣くくらいなら、もっと早くに口にしておけばよいのに。日本人は、とくにミウチのあいだでは、照れくさくてなかなか口にできないものですが、そのうちに……と思っている間に、親のボケが進行していたりします。親が正気のうちに、あれも聞いておけばよかった、これも言っておけばよかったと思うぐらいなら、もっと早くに何度でも言っておけばよいと思います。最近わたしは、一期一会と思えば、友人たちにも「あのときのあなたの親切は忘れない」とか「あなたのこんなところが好き」と口に出して言うようにしています。死んでから葬式でどんなによい弔辞を読んでも、死者の耳には届きません。同じ年頃の仲間で会うことがあれば、「今度会うときには全員そろっているかしらね」と思いますし、また会えたら、「また会えてよかったね」としみじみ喜べばいいのです。

「在宅ひとり死©ChizukoUeno」を広めたい

ひとりで暮らしている年寄りがひとりで死んで何が悪い、それを「孤独死」とは呼ばれたくない、と思って、良くも悪くもなく、すっきりさっぱり「在宅ひとり死」ということばを創りました。今のところ、日本中でわたししか使っているひとがいないので、「コピーライト（著作権）上野千鶴子（©ChizukoUeno）」を唱えていますが、いや、ほんの冗談です。コピーライトなんてけちくさいこともする気はありません、たくさんのひとに使って広めてもらいたいと思っています。

訪問看護業界をひっぱるナースの菅原由美さんが、主宰する「キャンナス」のニュースレターに書いていました。「立ち会い人のいない死を、孤独死と呼ぶのはもうやめよう」と。まったく同感です。「孤独死」の定義を変えれば、「孤独死」件数の統計はかんたんに変わります。政府の「不正統計」のように、調査方法や選択肢のカテゴリーを変えれば、統計データは変化します。要介護認定だって、要支援を要介護から外したことによって、要介護高齢者の数が減少するという効果をもたらしました。そのうち高齢者を「75歳以上」と定義変更しようという動きがあれば（日本老年学会がすでに提言しています）、高齢化率の数字も変わるでしょう。

「孤独死」をなくそうというキャンペーンは、死後の発見を早くしさえすれば達成することができます。だが、ほんとうに問題なのは、死後の発見よりも、生きているあいだの孤立だということは、忘れないようにしたいものです。

第5章

認知症になったら？

恐怖を煽る言説が出回っている

前著（『おひとりさまの最期』）で、わたしは認知症に苦手意識があった、と告白しました。在宅看取りはできる、独居でもハードルが越せる、ガンなら楽勝……といいながら、それも自己決定する能力のあるあいだ。自己決定能力を失ったら？　認知症は重度になると家でお世話できない。ましてや独居は無理、と施設入居が運命づけられているように感じてきました。

現場の専門職に、「認知症でもお家でひとりで死ねますか？」と尋ねたら、「そうですねえ、難しいですねえ」と答えが返ってきました。もしかしたら独居の在宅認知症ケアは、ケアというケアのなかで、もっともハードルの高いケア、いわば「ケアの秘境」かもしれない、と思って、そろりと「秘境探検」に乗り出したのが前著でした。

「苦手意識」というのは婉曲語法、ベタに言えば、見たくない、聞きたくない、考えたくない、という否認のことです。向き合いたくない理由には、第一に認知症高齢者の処遇の悲惨さを知っていること、第二にわたし自身が認知症になりそうな恐怖心があること、第三にその理由となる認知症への偏見がわたし自身にあること……でした。

認知症に対しては恐怖心を煽《あお》るような言説が出回っています。もっとも古典的なのは有吉佐和子さんの『恍惚の人』（新潮社、１９７２年／新潮文庫、１９８２年）。弄便《ろうべん》をする男性の認知症高齢者をリアルに描いて、読者をふるえあがらせました。

その後も、認知症は「早期発見・早期治療」をもじって、「早期発見・早期絶望」と言われるほど、高齢者とその予備軍の恐怖心を煽っています。認知症が進行すればいずれ廃人同様になると。認知症は目下のところ、原因も予防法も治療法もわからない病気。認知症薬と言われているものは、進行を遅らすだけで、治療薬ではありません。ひとによっては、自然な加齢現象というひともいます。考えてみれば、昔は「じいちゃんもボケたね」ですんだのに、「認知症」と診断名がついたばかりに、病人扱いされる……ことになってしまいました（とはいえ、認知症もいろいろ。レビー小体型認知症など、あきらかに異常行動や症状のある認知症は、病気と言えます）。

「新オレンジプラン」は「毒入りみかん」

2025年に認知症700万人時代、高齢者の4人にひとりが認知症になると予想した厚生労働省は、2012年に認知症施策推進5か年計画（略称「オレンジプラン」）を、さらに2015年には認知症施策推進総合戦略〜認知症高齢者等にやさしい地域づくりに向けて（略称「新オレンジプラン」）を作成しました。後期高齢者になれば認知症発症率は上がりますし、施設入居者の8割以上に認知症があると証言する現場の専門職もいます。その後、発症率は5人にひとりと下がりましたが、高齢者の絶対数が増えているので、2017年には800万人、2025年には1千万人を超えると新しい予想が出ています。

「認知症700万人時代」に向けて、厚労省は「新オレンジプラン」を提示しました。それを白雪姫の毒りんごならぬ、「毒入りケーキ」と呼んだのは医療福祉ジャーナリストの大熊ゆきさん。オレンジをもじって「毒入りみかん」と呼ぶのは精神科医の高木俊介さん。というのも、大量に発生が予想される認知症者を家庭でも施設でもケアできないとなると、手ぐすねひいて待ち受けているのは、精神病院と製薬会社だからです。

高木さんはこう言います。

「私たちの知らぬ間に、じわじわと、ふたたび大収容時代がはじまる。新オレンジプランは巧妙に毒の盛られた果実である。白雪姫の毒リンゴならぬ、毒入りオレンジなのであり、今はまだ国民のほとんどが自分には関係ないことと思い込んでいる、知らぬが仏の毒ミカンなのである。

そして、この国で年老いてゆく私たちは、ある晴れた朝、突然に、精神病院の保護室で抑制されて目覚めるのだ」（「白雪姫の毒リンゴ、知らぬが仏の毒みかん――新オレンジプランと認知症大収容時代の到来」『精神医療』4-80、２０１５年）

日本の精神病院の人口あたりの病床数が諸外国に比べてだんトツに多く、また平均入院日数がすこぶる長いことは、よく知られています。このところ精神医療改革の流れが進み、入院期間を短縮しよう、患者さんを地域復帰させようという動きがようやく本格化してきました。ですが、入院患者さんを出した後の空きベッドを埋めなければ、経営が成り立ちません。そこでおいしいお客さまになるのが、認知症高齢者なのです。病院によっては、患者がいなくなったあとの病棟をいくらか改装して、認知症者の生活支援施設に変える、というところもあります。高齢者施設といっても、もともと敷地内の病室。見かけを変えただけの入院と変わりありません。

拘束か、薬漬けか

精神病院は、家族も施設ももてあます患者さんを受け入れるといいますが、そこで認知症患者は、どんな「治療」を受けるのでしょうか？　ＢＰＳＤ（行動・心理症状）と呼ばれる周辺症状（暴言暴行、自傷他害、幻聴妄想、異食弄便など）を抑えるための手段はふたつ。ひとつは身体拘束や室内隔離のような物理的行動抑制です。もうひとつは向精神薬を投薬しての生理的行動抑制です。暴言暴行と言っても、ほとんどの場合、「ここはどこだ、家に帰らせてくれ、外に出たい」というもっともな要求のこと。たいがい家族がだまし討ちのようにして連れてきますから、「家に帰りたい」というのは当然の要求です。それを拘束と薬漬けで抑制するだけ。患者はたしかにおとなしくなりますが、それは生気を失うのと同じです。

精神病院ならずとも、認知症高齢者を受け入れた施設で、認知症者が受ける処遇は、似たり寄ったり。「外に出たい」という患者さんを（そりゃ元気なら、散歩もしたいでしょう）、自由に外出してもらって、疲れるまで職員が同行する、なんていう施設は、美談になるほど、めったにありません。そんなことをしたら、人手不足でやっていられない、というのが理由です。都内のさる高級有料老人ホームで、認知症者が直線の廊下を行ったり来たりしている姿を見ました。その方の居住するスペースは上層階で、エレベーターには暗証番号がついていて自由に出入りができません。職員にお聞きすると、「散歩したいとおっしゃるので、廊下を歩いていただいています」という返事。外には明るい陽光が降り注いでいました。施設によっては、回廊をつくってぐるぐる巡りができるようになっているところもあります。どんなにすばらしい設計思想でも、ご本人にとっては、屋内にいるより、外に連れ出してもらう方がどんなにうれしいことでしょう。認知症になったら、これが運命なのか……と憮然としました。

もうひとつは薬漬け。アルツハイマー症の進行を抑えると言われているアリセプトなどは、一度飲み始めると生涯止《や》めることができない点では、血圧降下剤や糖尿病の薬と同じ。しかも進行にしたがって投薬量はしだいに増えていきます。「認知症者７００万人時代」は巨大なマーケットですから、製薬会社が手ぐすね引くのも無理はありません。ですが、東田勉さんの『認知症の「真実」』（講談社現代新書、２０１４年）を読んでびっくりしたのは、投薬量が増えてよいことは何もない、ということ。意識状態は低下し、患者はおとなしくなりますが、それは脳の活動を抑制しているからです。周囲で聞くのは、投薬を減らしたり、止めたりしたら状態が改善した、という話ばかりです。

　若い友人が、母親を預けている施設で、会いに行くたびに母親から表情が失われていることに気がつきました。何やら投薬されているらしいのだけれど、内容を教えてくれと言ってもはかばかしい答えは返ってきません。このままだと母が廃人になる！と危機感を覚えて、その施設から出すために駆けずり回りました。その相談を受けながら、わたしは背筋が寒くなる思いを禁じえませんでした。というのも、この母親には、こうやって必死になって施設から救いだそうとしてくれる娘がいる。なのに、おひとりさまのわたしには、そんな娘はいない……どうなるのだろう、と思ったからです。最近「ケモブレイン」という専門用語を知りました。近藤誠さんの近著『このクスリがボケを生む！「ケモブレイン」にならない13の知恵』（学陽書房、２０１９年）に教えてもらいました。薬が原因で起きる脳障害を表す専門用語で、こういうテクニカルタームが生まれるほど、欧米では知られているそうです。そのなかに、認知症薬も降圧剤も、コレステロール降下剤も、慢性病で飲み始めると止められない薬の多くが含まれています。２０１９年「高齢社会をよくする女性の会」が、「高齢者の服薬に関する実態調査」を実施し、報告書を出しました。日本人の投薬量が多いことは知られていますが、回答者のなかには、医者には言わずに薬を捨てているひとたちも相当数いました。最近、多職種連携チームのなかに、薬剤師さんが参加することの重要性が言われるようになりましたが、もし、わたしが要介護者になったら、投薬管理などやってほしくありません。

　ですから、講演ではこんなふうに話します。このなかの5人にひとりが認知症になるとしたら、どなたでしょうね。その方を待っている運命が、拘束か薬漬けか、ふたつにひとつだとしたら、どちらがお好き?……と。5人にひとりの高齢者を待ち受ける近未来が、物理的か生理的、そのいずれかの行動抑制という名の虐待だとしたら……あんまりです。

「駆け込み寺」を求める家族

かつて精神科病棟に潜入取材をした大熊一夫さんは、病棟の奥深くの「汚部屋」と呼ばれる施錠された牢獄のような部屋に、自分の汚物にまみれて暮らす認知症の高齢者の姿を発見して、愕然とします。最近の認知症病棟ではそういうことはなくなったでしょうが、代わって暴言暴行を抑えるために、投薬されて無気力状態に陥った、屍のような高齢者を見いだすでしょう。

朝日新聞土曜版beに、医療・看護・介護の専門職が、高齢者の看取りのエピソードをリレー連載する「それぞれの最終楽章」というコラムがあります。2019年3月から4月にかけては、袖ケ浦さつき台病院認知症疾患医療センター長、細井尚人医師の連載でした。袖ケ浦さつき台病院には、内科、外科などのほか、精神科病棟と認知症治療病棟が計２１８床あります。計４０９床のうちの半数以上ですから、もとはどのくらい精神科病床に依存していたかが推測されるでしょう。その精神科病床の一部を「認知症治療病棟」に転換したものでしょうが、認知症には今でも治療法がありませんから、「認知症治療」とは誤解を招く表現です。その場所で認知症の患者さんがどんな処遇を受け、どんな死に方をするのか……つよい興味を持って毎回なめるように読みましたが、結局具体的な「治療」の内容や患者さんの声は聞こえてきませんでした。わかったのは、「ほかに引き受け手のない認知症患者の『駆け込み寺』になっています」という「実態」と、「精神科に認知症患者を長期入院させ、看取ることに批判があるのは承知しています。しかし駆け込み寺は現状、どうしても必要なものです。私はこれからも認知症患者の『居場所』と『死に場所』を提供していきます」という、細井医師の覚悟でした。「駆け込み寺」を必要とするのは本人ではなく、家族。認知症病棟が救っているのは、本人ではなく家族と制度の欠陥だということが、６回の連載からはよくわかりました。

「おひとりさま認知症者」の機嫌がよい理由

施設入居者の大半が家族の意思決定によるものであることには、理由があります。入居者のほとんどに認知症があり、意思決定能力を欠いているからです。騙されて連れてこられた認知症高齢者が「出してくれ」「家に帰りたい」というのは当然の要求で、これは「帰る妄想」でも「暴言」でもありません。なら独居だったら？　薬を使わない精神科医として有名な認知症ケアの専門家、高橋幸男ドクターの「からくり理論」によれば、問題行動と呼ばれる症状にはすべて「からくり」があり、その原因をつくる誰かが周辺にいるということです（『認知症はこわくない　正しい知識と理解から生まれるケア』ＮＨＫ出版、２０１４年）。それなら独居の認知症患者さんは、「からくり」が発動しない環境にいることになります。疫学的証明ができるほど事例数は多くありませんが、高橋医師の経験的な臨床例によれば、「一人暮らしの認知症の人のＢＰＳＤ（行動・心理症状）は軽い印象があります。興奮や暴力は明らかに少ないですし、介護拒否や、『帰る』妄想、人物誤認妄想、物盗られ妄想や嫉妬妄想なども多くはありません」と指摘し、「家族がいる場合とは異なり……日々指摘を受け（叱られ）続けるストレスはきわめて少ない」とあって、やったね！　と思いました。高橋医師に限らず、認知症対応に関わる複数の医者から聞いた話でも、独居の認知症患者さんの方が周辺症状が穏やかで機嫌よく暮らしておられるということでした（もちろん個人差はありますが）。

認知症者が独居の在宅で暮らせるか、ですって？　生活習慣が維持できなくなっても、訪問介護に入ってもらえば食事も入浴もできます。なじみのあるヘルパーさんなら、施設のように抵抗することもありません。自分で食事の用意ができなくなれば配食サービスをお願いすればよい。認知症の人でも食事を出せば、ぱちりと目を開けて召し上がります。食欲は生きる意欲の基本のキ。食べられるあいだは食べていただいて、機嫌よく下り坂を降りていってもらい、そのうち食べられなくなったり、寝たきりになったりしたら、認知症があろうがなかろうが、ケアは同じです。実際、そうやって独居の認知症の高齢者を、在宅のまま見送ったという事例も耳にするようになりました。

第6章　認知症になってよい社会へ

認知症は誰がなるか分からない

「２０２５年問題」のもうひとつの側面は、団塊世代がすべて後期高齢者になることに加えて、「認知症７００万人時代」、高齢者の５人にひとりが認知症になる時代だということです。誰がなるかは確率論の問題のような気がします。認知症者の疫学的研究では、糖尿病のひとはなりやすいとか、社会参加のネットワークのあるひとはなりにくいとか、難聴になると認知症になりやすくなるとか、いろいろなデータが取り沙汰されています。認知能力が衰えないようにと、「認知症ドリル」をせっせとやらせているデイサービスなどもあります。

ですが、何をやってもムダ、とわたしが思うのは、まさかあの人が、と思うような、知的能力も高く好奇心も強い学者先生の先輩たちが、ちゃんと認知症になっておられる姿を見てきたからです。なにしろ認知症診断の「長谷川式スケール」で有名な精神科医の長谷川和夫さんが、自ら認知症になったと公表されたぐらいですから。

そればかりか、認知症対応のグループホームなどをお訪ねすると、入居者の中にはなぜだか元「先生」と呼ばれてきたひとが多そうな印象を持ってきました。元「先生」ったあ、わたしのことです。なら、自分にも認知症になる可能性はあると思っておいた方がよい。そしてそうならないように無駄な努力をするより、そうなったらその事実を受け入れて、対応を考えておく方がよい、と思うようになりました。

「在宅の限界」は本当か？

ひとり暮らしの認知症高齢者について、「在宅の限界」ということばを、ケアマネさんやヘルパーさんからよく聞きます。「在宅の限界」とは、いったい何でしょうか？　それはいつ、誰が、どのように、判断するのでしょうか？　そしてその「限界」を越した先の「上がり」は、病院や施設入所なのでしょうか？

あるとき、ケアマネやヘルパーの勉強会で「在宅の限界」ということばが出ました。わたしは具体的にどんなことがあって、それを「在宅の限界」と判断するのか、と食い下がりました。答えは「異食行動」でした。「異食」って、こんな漢字変換しにくい専門用語を使わなくても、「へんなものを口に入れてた」でいいのにねえ。で、その「異食」って何を食べたんですか？　ってさらに聞いたら、「夜中におなかをすかせたらしくて、冷凍食品がかじってありました」ですって。その何が問題なのでしょう？　冷凍食品をかじったからといって、死ぬわけじゃなし。固くて冷たいから途中でやめたのでしょう。それに冷凍庫には食品があるという認識があった証拠ですし。いくら「異食行動」と言っても、洗剤を飲んだりしたら、匂いや味で吐き出すでしょう。致死量に至るまで飲むとは思えません。

もうひとつの例にこんなのがありました。ある夏の日、訪問したヘルパーさんの前に、利用者がすっぽんぽんの丸裸であらわれたんだそうです。その年の夏はたしかに酷暑でした。それにお年寄りには、いくら熱中症予防のためと言っても、エアコンが苦手な方は多いもの。湯上がりにすっぽんぽんで過ごす生活習慣を持つ人もおり、やってみるとその気持ちよさったらありません。お年寄りにはお年寄りなりに、すっぽんぽんになる理由があって、そうしておられるのだと思います。

ここであわてて付け加えておきますが、認知症ではなく正気の男性高齢者が、女性のヘルパーさんの来訪を予期して、丸裸で待っていた、というのは、完全なセクハラです。藤原るかさんは『介護ヘルパーはデリヘルじゃない』（幻冬舎新書、2019年）という告発の書で、訪問介護の場面で遭遇するセクハラの数々を挙げておられますが、いくら対価を伴うからといって、ヘルパーがセクハラを受忍する理由はまったくありませんので、念のため。

「お年寄りがお家ですっぽんぽんになっておられて、いったい誰が困るんですか？」とわたしはここでも食いさがりました。ご本人はちっとも困らない、気持ちがいいだけ。ヘルパーさんはびっくりするかもしれませんが、お家はもともとその方のプライベート空間。そのかっこうのまま外へ出ていくわけでなければ何の問題もありません。認知症者だって、肌寒くなれば何か羽織るでしょうし、外へ出るときには履き物も履くでしょう。「誰が困るんですか？」と問い詰めていくと、あるケアマネさんが苦しそうにこうおっしゃいました……「私たちが困ります」。

　そのとおり、「周囲の目」が彼らを責める、からです。あんな状態で放っておくの？　世間体を考えないの？　家族も家族だね……と「外野の声」に責め立てられることを、介護職の人たちが内面化しているからでしょう。

そのケアマネさんが苦しまぎれにわたしに反撃してきました。

「なら、上野さん、ご自分がそうなってもいいんですか？」と。

わたしの答えは「イエス」です。いいじゃありませんか、わたしが自分でキモチイイと感じたことなら、そのまま受け入れてほしい、です。少々見苦しいかもしれませんが、そう思うのは周囲であって、わたしではありません。いずれ慣れていただけるでしょう。

認知症の「異常行動」のひとつに、排便排尿の異常があります。しかるべきところでない場所でおもらしや脱糞をしてしまうことです。それだって理由がわかっています。排便排尿のサインが適切に脳に届いていなかったり、トイレの場所がわからなかったり、探し回っているうちに切羽詰まってやってしまったり。ご本人もしまった、と思うのか、プライドを守るために糞尿を隠したり、というエピソードには事欠きません。

別なケアマネさんからこんなケースを聞きました。認知症高齢者の父親がひとり暮らし、近所にはその息子が妻と共に新築の家に住んでいます。父親は座敷の畳の上や廊下で排便や排尿をするので、家に入るとむっとおしっこやうんこの匂いがします。訪問ヘルパーさんはもくもくとその後始末をしてくださっています。周囲は息子夫婦に、新築の家に父親を引き取ればよいのに、という目を向けますが、息子はケアマネと相談して、それはしない、オヤジの家はオヤジのものだから、好きなようにおしっこうんこだらけにしてくれたらいい、と心を決めたのだそう。息子はそうやって妻を、いえ、自分と妻との夫婦関係を守ったのです。

この話をしてくれたケアマネさんはしみじみとこう言いました。

「家族の覚悟さえ決まれば、認知症でもひとりで家にいられるんですねえ」

認知症は自己責任なのか？

認知症ケアの現状に怒りを爆発させているのが、認知症専門医の木之下徹さんです。認知症は病気ではない、老化現象の一種。中核症状と周辺症状を区別して、中核症状は認知障害と言われるが、「周辺症状」はそもそも「症状」ですらない。薬を使わない精神科医として有名な高橋幸男医師が、『認知症はこわくない』で指摘するように、「ＢＰＳＤ」には、かならずそれをひきおこすきっかけとなる「からくり」がある。認知症者の怒り、悲しみ、悔しさなどが正常に行動化したものだ、と。まことにナチの強制収容所から生還したヴィクトール・フランクルが「異常な環境のもとでは異常な反応が正常なのだ」（『夜と霧』みすず書房、１９８５年）と指摘するとおりです。だましうちされて施設に連れてこられた認知症の高齢者が、「家に帰る」とあばれるのを、「異常行動」と呼べるでしょうか？　それはあたりまえの、必死の訴えにほかなりません。

　木之下さんは、ですから、認知症を病気だとさえ考えていません。誰もがなる可能性があるから、予防も無意味。認知症ドリルなんかやっても、予防効果がないばかりか、ちっとも楽しくありません。

　認知症予防ということばを聞くたびに、イヤな気分になります。雑誌には、認知症予防のために「今すぐ始めることリスト」なんていうのが載っているし、「今からなら間に合う！　認知症予防」なんていう講演会は、満杯。認知症は怖い、困った病気だと思われて、人の恐怖心を煽る報道がたくさんある。「早期発見・早期絶望」とも言われています。

認知症の発症リスクには、糖尿病や難聴、睡眠時無呼吸症候群、歯周病などが挙げられていますが、これだって疫学的相関であって、原因かどうかはわかりません。同じ症状を持っていても、認知症を発症するひともしないひともいます。それより、こういうデータが増えれば増えるほど、認知症になるのは「自己責任」という考え方が広まるのがおそろしい。

「毎日運動しましょう」とか「社会と交流しましょう」、「生活習慣病を予防・治療しましょう」と言われるが、認知症になったら、「だから言ったでしょ、あなたがセルフケアしなかったからよ」と言われるんじゃないか。運動や交流、生活習慣病の予防は、そりゃやらないよりやったほうがよいに決まっているけれど、だからといって認知症にならないわけではありません。

わたしの母がガンになったとき、玄米菜食主義者の友人が、「だから言ったでしょ、玄米菜食しないからよ」と言い放ったことを覚えています。だが、その彼女自身がガンになりました。ガン患者さんだって、自己責任と言われたら困るでしょう。

毎日ウォーキングをしていたり、好奇心が強くて友人も多いのに、それでも認知症になったひとを、わたしは何人も知っています。なんといっても、認知症診断尺度で知られる「長谷川式スケール」を作った医師の長谷川和夫さんご自身が、認知症になったことを公開されました。２０１９年９月26日付け朝日新聞に長谷川医師の日常生活が報じられていました。妻によれば、失敗しても、すぐに忘れるから落ち込まずにいられるのだとか……これが記憶障害という「ボケの効用」でしょう。

認知症になったら安楽死させてほしい、という人もいますが、認知症になったぐらいで、死ぬ理由にはなりません。最近では認知症当事者の発言が増えてきました。認知症当事者は何をどう感じるのか、どうされたらイヤな思いをするのか、どうしてもらいたいのか。佐藤雅彦さんは、「認知症は不便だが、不幸ではない」といいますし、「ほんの少し手伝ってもらえばひとりでも生きていける」とおっしゃいます。39歳で若年性認知症と診断された丹野智文さんは、記憶障害が進行しているのに、以前より笑顔が増えた、と言います。丹野さんの主治医である認知症専門医の山崎英樹さんは、

「認知症者に、何ができるか？」ではなく、「認知症者と、何ができるか？」を問うべきだと説きます。つまり、認知症があってもなくても、「共に」泣いたり笑ったりしながら、できればたくさん笑いながら、生きていけばいいのです。

地域は「排除」か「包摂」か？

越すに越せないハードルだった独居の認知症ケア。最近、そのものずばり『認知症になってもひとりで暮らせる』（クリエイツかもがわ、２０１９年）という本が出ました。奈良市にあるあすなら苑を経営している生協系の社会福祉法人協同福祉会の実践記録です。頼まれて帯に推薦文を書きました。

「在宅ひとり死を唱えたとき、無理と言われました。
独居の認知症ケアも無理、と言われています。
あすなら苑の実践は
『不可能』を『可能』に変える実践です。」

この本に寄せた北海道美瑛《びえい》町の美瑛慈光会理事長の安倍信一さんがこんなことを書いています。「かつてケアマネージャーとして居宅介護支援をしていた頃、最も頭を悩ませたのは、〝ひとり暮らしの認知症のお年寄りたちの在宅〟をどのように支えるのか、ということだった」と。そればかりでなく、みかけは同居世帯でも、重度の要介護高齢者が「日中独居」の状態で暮らしているのは、現場の常識です。安倍さんの社会福祉法人では小規模多機能型居宅介護事業所、「虹」を運営しています。その「虹」の利用者24名のうち半分の12名が独居者だそう。人口減少を経験している地方都市の、これが実態ではないでしょうか。その安倍さんの結論が「認知症のひとり暮らしのお年寄りたちであっても、『小多機（小規模多機能型介護施設）があれば地域の中で暮らせる』」というもの。

あすなら苑は、老人施設、サービス付き高齢者住宅、デイサービス、ショートステイ、小規模多機能型事業を複合的に組み合わせて、「通い」「泊まり」「訪問」を提供しています。職員の配置転換も柔軟ですから、デイに通ってこれなくなったお年寄りのもとを、顔馴染みの同じ職員が訪問することができます。反対に在宅から施設に移っても、同じ顔ぶれが待ち受けていることになります。認知症のお年寄りには環境の激変がマイナスに働くことは常識です。その環境のなかには「なじみの関係」があって、それがあるから、お年寄りは安心していられるのです。

あすなら苑が在宅支援で気をつけていることがあります。それは個別の利用者だけでなく、地域をまるごと支援すること。奈良市郊外にある新薬師寺近くの静謐《せいひつ》な住宅地にできた高齢者施設に、初めは地域住民の反対があったと言います。ですが、「いずれは誰もがたどる道」と情報を提供し、決して不幸ではない在宅のお年寄りたちの暮らしぶりを見せていった結果、地域住民のなかにはボランティアに来るなど協力的な態度に１８０度変わったひともいたと言います。ああ、こうやってわたしもお世話してもらえる、という安心感が拡がったのでしょう。この地域への目配りには感心しました。

このところ「地域包括ケア」など、「地域」「地域」とかけ声が大きく、「地域」がすべての問題を解決してくれるかのように、一種のマジックワードになっています。

ですが、現場で聞く話はそれとは正反対。地域は包摂よりは、排除の機能をより多く果たすのではないだろうかと思うような事例ばかりです。認知症の年寄りをひとりで置いておけないのも、地域からの圧力のせい。「なぜひとりで置いておくの？」という家族への言わず語らずのプレッシャー、そして「火事でも出されたら迷惑」という犯罪者扱いに、心の折れる家族は少なくないでしょう。それをあすなら苑の担い手たちは、これなら認知症になっても自分も家にいられる、と解きほぐしていったのです。

けれどまちがえないでほしいのは、こういう「地域」は初めからそこにあったわけではない、ということです。血縁や地縁、結社縁のような人間関係を社会学では「社会関係資本」と呼びます。「資本」というからには、利益を生みますが、「社会関係」だって、利益を生む「資本」だという考え方からです。かんたんにいえば「コネ」があると「トク」をする、というわかりやすい話。転じて人と人とのあいだに信頼関係があれば、リスクもコストも減るし、サポートしあえるという地域資源の意味で使われることもあります。

在宅医として有名な花戸貴司医師は、在宅看取りに社会関係資本が大事、と言っています。ですが花戸さんが活躍しておられる地域は、滋賀県永源寺地区という農村部。昔ながらの地縁・血縁ネットワークがはりめぐらされ、おそらくプライバシーさえないところでしょう。在来資源のある地域でできることが、他の地域でできるとはかぎりません。

あすなら苑のある奈良市郊外の住宅地は、新興宅地。念願の一戸建てを購入して引っ越して来た新住民の多いところです。地域資源がむしろ存在しないところに働きかけて、あすなら苑の人たちは「社会関係資本」を創り出してきたのです。その働きかけの中心にあったのが、独居の認知症高齢者という、まるでブラックホールのような「助けを必要とする弱者」の存在でした。

地域はポジティブにもネガティブにも、両義的に働きます。弱者を排除する方向にも、包摂する方向にも機能します。大阪弁でボランティアのことを「ほっとかれへん」と呼んだ名訳がありますが、「あすは我が身」「もしわたしなら」の想像力さえあれば、おのずと「ほっとかれへん」ひとびとが自発的に登場するでしょう。そのひとびとは「自発性」で動くからこそボランティアなので、義理人情や義務感や強制で動くわけではありません。それを「地域」と同じことばでくるから、混同が起きます。

そのためにも、他人の手助けを呼び込むブラックホールの存在を、まず「見える化」することが重要なのです。必要なのは、情報公開。認知症を隠さないことです。どんな差別も偏見も、「私はここにいる、こうやってふつうに生きている」という姿を見える化しない限り、なくなりません。自分の家族が認知症であること、どんな状態でどんな対応をすればよいか、ほんのちょっと気にかけてほしい、と周囲に情報を共有すればよいのです。

認知症者はどう思い、感じているのか――当事者発言より

認知症のひとに意思はないでしょうか？　このところ、認知症者の「当事者発言」が次々に登場するようになりました。世界的に有名なのはオーストラリアのクリスティーン・ボーデンさん。『私は誰になっていくの？　アルツハイマー病者から見た世界』（クリエイツかもがわ、２００３年）で、世界に情報発信し、日本にも講演に訪れ

ました。数年後に、クリスティーン・ブライデンさんというひとの『私は私になっていく』（クリエイツかもがわ、２０１２年・改訂新版）という本が出たので、似たような名前のひともいるものだ、と思っていたら、前著を書いたあと、アルツハイマー症であることを明かして婚活をし、ブライデンさんという男性と結婚したから改姓したとのこと。その後も夫を伴って日本を訪れたり、世界の認知症者の組織化をはかっています。日本では佐藤雅彦さんの『認知症になった私が伝えたいこと』（大月書店、２０１４年）が有名。周囲がひとり暮らしはもう無理、施設かグループホームに入れば、と勧めるのを、「不便だが不幸じゃない、少し手伝ってもらえばたいがいのことはできる。やっぱりひとりがいい」と、ひとり暮らしを選んでいます。

ＤＩＰＥｘ（Database of Individual Patient Experiences）Ｊａｐａｎが「健康と病いの語り」というシリーズをネット上で公開しています。そのなかには「認知症の語り」もあります（https://www.dipex-j.org/dementia/）。よくガンになってはじめて患者さんのキモチがわかった、というガン専門医がいますが、病のつらさは当事者に聞かなければわからないもの。何がつらかったか、どんなことをされたらうれしいか、何をしてほしいか……が当事者のことばで語られています。それを読むと、わたしたちは認知症について、ほとんど何も知らなかったのだ、ということがわかります。これまで当事者の声に誰も耳を傾けてこなかったからだということも。

映画監督の関口祐加さんに『毎日がアルツハイマー』（２０１２年）という作品があります。アルツハイマー症を発症した母親との介護の日々をユーモラスに描いて大ヒットしました。関口さんによると、「主婦の鑑」みたいだったきっちりした母親が、アルツハイマーになってから、まるでたがはずれたみたいにのびのびと自己チューにふるまい、娘の祐加さんを、この人はこんなひとだったのか、と驚かせたとか。そしてそれを目にした娘は、生涯の終わりに、アルツハイマーのおかげで自分を抑えていたものから解放されて、こんなにのびのび暮らせてよかったね、お母さん、とそれを受け入れるのです。

要介護の高齢者は自分が生きていくだけでせいいっぱい。周囲に対する配慮は、余裕のあるあいだだけ。「おまえも仕事があるだろうから、早く帰りなさい」などと子どもに促すのは、自分にゆとりがある間だけです。認知症になれば、過去も未来もなくなって現在だけ。赤ん坊と同じです。思えば赤ん坊の時には、あんなにも自己チューに生きることを主張していました。それをしだいに抑制していったのが成長という過程。老いたらその過程をまきもどして、もういちど、過去も未来もない、現在に生きる状態に戻ってもいいのではないでしょうか。

「いのちの授業」を実践していた中学教師のガン患者、やまちゃんこと山田泉さんに会ったことがあります（『いのちの恩返し　がんと向き合った「いのちの授業」の日々』高文研、2008年）。ガン末期で鎮痛剤を打ちながら会いに来てくれました。わたしが彼女に贈ったのは、天使のイラストがついた翌年のカレンダー。余命なんて誰にもわかりません。彼女は数カ月先の講演依頼を引き受けようかどうしようか迷っていました。万が一のことがあったら先方に迷惑がかかるかも、という思いからです。その彼女に講演を引き受けるよう勧めて、とっさにわたしはこんなことばを口にしていました、そしてそんな自分にびっくりしました。「生きるのに遠慮はいらないわよ」と。わたしたちはいつのまに赤ん坊のときのあの生きるエネルギーを失ってしまったのでしょう。

生きるとは、食べて、出して、清潔を保つ、ということ。これが食事、排泄、入浴という3大介護です。この3点セットが維持できるあいだは、生きられます。今日も目が覚めて機嫌よく一日を暮らせる……そしてそれを支えてくれる専門職のひとたちがいます。介護保険のおかげで、認知症になってもそうやって暮らしを支えてもらえる社会になったことを、わたしたちは喜べばよいのです。

成年後見を誰に託すか？

認知症になったら……誰かに意思決定を託さなければなりません。黙っていれば子どもなどの家族が意思決定を代行してくれるでしょう。ですが、これまで見てきた限りでは、家族といえども当事者と家族の利害は一致しません。高齢者は家にいたい、家族は出て行ってほしい、と。障害者運動の歴史は、親であっても子どもの利益を代弁したりすることはできない、という主張の歴史でした。ましてや親の利益を子どもが代弁することは、もっとありそうもないでしょう。親と子の関係は非対称、親が子を思うほどには、子は親を思わないものです。その差は、子どもを預ける保育園はたとえ近くにあっても質のよいところを探し回るのに、親を入れる施設は順番が回ってくれば早い方に入れる、保育園の時のようにケアの質にこだわる家族が多くないことからもわかります。

「当事者にとっての最善の利益」を代行するのが、成年後見です。ですから直接利害が対立する家族は、後見人にしない方が賢明です。家族に頼めない、頼れない高齢者が増えるにつれて、成年後見のニーズが増大してきました。ニーズあるところ、サプライあり。これまでの成年後見は弁護士や司法書士など士業の専門職が主で、金銭管理はしてくれますが、もっと日常的な身上監護はしてくれません。実は成年後見には特別の資格は要りません。誰でもその気になればなれます。最近「市民後見人」養成講座が流行っていますが、修了者の多くが休眠状態だそうです。そりゃ命とお金を預けるのですもの、あだやおろそかに見知らぬ他人に託そうとは思わないでしょう。ほんとは後見人を1人だけ指名するのも、危険です。「善意の他者」はいつ「悪意の他者」に変わるかもしれないからです。成年後見は社協や福祉公社、福祉生協やNPOなど、社会的に信頼のおける団体に託すほうがよさそうです。また市民後見人を生かすには、団体に登録してもらって、団体の信用をバックに働いてもらう方がよいでしょう。

そのうえ、成年後見には制度に欠陥があって、契約は本人の死亡時まで。たとえ臨終に立ち会っても、そこから先の遺体の処理や葬儀、埋葬の一切には関与しないことになっています。さすがに制度の欠陥が知られるようになったからか、死後事務の処理については、成年後見人は費用請求をできるようになりましたが、多くの成年後見人は臨終から先は、契約外のボランティアで死亡届の提出や火葬の立ち会いなどにあたっています。

そこで、成年後見、身上監護、死後事務委任の３点セットを引き受けてくれる事業者が登場してきました。そのうちのひとつ、ＮＰＯ法人人生まるごと支援の代表、三国浩晃さんには『おひとりさまで逝こう　最期まで自分らしく』（弓立社、２０１７年）という著書があります。その本にわたしが書いた推薦文が、以下の文章です。

「おひとりさまも自己決定できるうち……もしそれができなくなったら？　正直言うと私は不安を感じていました。その不安を解消してくれるのがこの本です」

三国さんのクライアントのおひとりに、長い間外国暮らしをしていらした老婦人がいます。夫を亡くし、子どもがいないマンションにひとり暮らしのその方を、姉妹たちがやいのやいのとせっついて施設入居を決めさせました。入居金も支払い、いよいよ移動するという当日、迎えに行った三国さんをしょんぼり待っていたその方の口から出たのが「わたし、どうしても、行かなきゃいけないかしら……」。ご本人の意思を尊重するのはこの時と、「いいんですよ、おイヤなら。今からでもやめましょう」と、サポートしたといいます。そしてこの方の在宅を最期まで見守っていこうと決意した、と。こういう人になら、自分の老後を託してもよい、という気分になれます。この話からは施設入居は誰のため？　ご本人の幸福のためより、ご家族の安心のため、ということがよくわかります。

長野県松本市にはＮＰＯ法人ライフデザインセンターがあります。設立は２００１年、初期にくらべて、法定後見より任意後見が増えたといいます。ここが出している『旅立ちのデザイン帖　あなたらしい〝終活〟のガイドブック』（亜紀書房、２０１６年）の刊行には、わたしも少し関わりました。「もうかりまっか？」とお聞きすると

「もうかりません」というお返事。見送られた方々からの折々にあるまとまった遺贈で、ほっと息をついているそう。それだけでも信用に値します。

「みんな将来は認知症になる」を前提に

ほしいのは認知症を怖がる社会ではなく、認知症になっても安心して生きていける社会。自分だけ認知症にならないようにあくせく努力するくらいなら、そのエネルギーを「安心して認知症になれる社会」をつくるために使ってもらいたい。そう、思ってきました。

ですが、木之下医師に会って目からウロコ。木之下さんはこう言います。

「みんな将来は認知症になるんだ」――それを前提に、「認知症になってもよい」ではなく、「認知症になってよい」社会へ。さらにそれを前提に「認知症にそなえる社会へ」。

障害者のユニバーサルデザインと同じく、認知症者の生きやすい社会は、そうでないひとにも生きやすい社会です。加齢とはみんなが中途障害者になっていく過程。その中途障害のなかに、カラダの不自由だけでなく、アタマの不自由とココロの不自由、その全部または一部の集合があるとすれば、認知症ケアの向かう方向は、障害者ケアと同じ。社会のバリアフリーと心のバリアフリーを目指したいものです。できれば、わたし自身が認知症になる前に。

第7章

死の自己決定は可能か？

透析中止「自己決定」事件

怖れていた事態が起きました。公立福生《ふっさ》病院での、透析中止「自己決定」事件です。２０１８年8月16日人工透析で腎臓病の治療を受けていた女性（44歳）が、透析を受けなかったことで死亡しました。その直前8月9日に、透析治療をやめる意思確認書を病院からわたされたといいます。腎臓病では週に3回、血液中の老廃物を人工的に取り除く人工透析を受けないと、生きていくことができない患者もいます。人工透析は血管を透析器に長ければ7〜8時間もつながれて動きのとれないつらい治療です。ですが、やめたら死は確実に、1週間ほどで訪れます。

患者の女性は血管から透析する導入口（シャント）が使えなくなり、透析に痛みを訴えていました。医師から首から導入する方法を提示されていたともいいますが、あとから判明したのは、より苦痛の少ない腹膜透析法の提示はなかったそうです。女性は、かねてから、シャントが使えなくなったら透析をやめると意思表示していました。

透析中止は、その事前指示にもとづいたものでした。

人工透析は厳密にいえば治療法ではありません。腎臓病そのものがよくなるわけではないからです。機能の低下した腎臓を外部の人工透析器で補う一種の延命治療です。医師の側には、人工透析そのものが意味のない延命治療と映っていたようです。福生病院では過去に同じような理由ですでに20人以上が死亡していました。医師が透析に積極的でなかったからだろうことをうかがわせます。

続報からわかったことは、患者が病院側から二択を示されて、人工透析をやめることに同意、文書に署名したのは、他の病院から紹介されて診療を受けた初日でした。福生病院には他にも高度の透析医療を求めて、他の病院から紹介されて受診する患者たちがいました。よりよい治療を求めてやってきた患者に対して、診療開始に当たって踏み絵を踏ませるような誘導です。この先、初診時に終末期の医療についての同意書を文書で求める診療機関は増えそうなイヤな予感がします。

女性に迷いはあったといいます。そりゃそうでしょう、透析を止めれば死は必至、中止は死の意思決定を意味します。死の直前まで迷い続け、同意を翻《ひるがえ》そうかと夫にも語ったそうです。タイミング悪く、夫が同じ時期にストレスから胃潰瘍を起こし、手術することに。手術室に行く前に、夫は携帯電話を病院に預けました。麻酔から覚めて夫が見た携帯画面には、「おとうさん、たすけて」という意味にとれる妻からの最後の悲痛なメッセージが残されていました。

日本透析医学会が２０１４年に発表した透析治療を中止するガイドラインには「重篤な病気で死が近く、患者の全身状態が極めて不良の場合」に限定、という倫理規定があります。亡くなった女性は死期が近かったわけではありません。享年44歳、夫は50歳。煩瑣で苦痛でも、人工透析さえ続ければあと20年でも30年でも夫と共に生きることができたはずでした（担当の外科医によれば「中止しなければ約４年間生きられる可能性があった」というが、想定期間の根拠は定かでありません）。

人工透析を何十年も続けながら70代になった今日も、社会的に活躍している人物をわたしは知っています。それも余人を以て代えがたい社会貢献事業の責任者です。安静を強いられる透析の時間は、読書に充てていると聞きました。各地に透析の受け入れ機関があれば、それをつないで旅行することもできます。海外の透析拠点をつなげば、海外旅行だって可能です。腎臓病の患者は、透析さえ受ければ、普通の生活が可能なのです。

事前指示書は必要か？

この事件は、リビングウィルと呼ばれる事前指示書と、近年、厚労省の音頭取りで世に広めようとされているACP（事前ケア計画 Advance Care Planning）に関係しています。病院側は「インフォームドコンセントにもとづく、本人の意思確認のうえでの同意」と主張しています。治らない病気に対する透析は「無益で偏った延命措置」と担当医師はインタビューに答えています。透析している人は「終末期」、ならば透析中止は終末期の医療抑制にほかなりません。

日本尊厳死協会は、まだ自己決定能力のあるうちに、どんな死に方をしたいか、事前指示書を文書で残しておきなさい、と勧めています。登録会員数は10万人超、会員の事前指示書（リビングウィル）を預かる事業も行っています。日本尊厳死協会は、安楽死と尊厳死は違う、と主張します。安楽死は積極的自殺幇助《ほうじょ》、尊厳死は消極的医療抑制。終末期に心肺蘇生術や気管切開、胃瘻、点滴などの「無益で偏った延命措置」を本人の意思で拒否することを言うそうです。事前指示書はそれを事前に文書にして明らかにしておくことを指します。

終末期の過剰医療は「スパゲッティ症候群」とも呼ばれて批判の対象となってきました。とくに機械的に生かされるだけの胃瘻造設については、その実態があきらかになるにつれ、急速に造設件数が低下しました。社会医療診療行為別統計によれば、２００８年には年間10万件だった胃瘻造設件数は、２０１４年には６万件と減少。さらに２０１４年には胃瘻造設の診療報酬点数が引き下げられました。久富護さんの分析によれば75歳以上の高齢者に限れば、人口当たりの造設件数は２０１１年から２０１７年にかけて半減しているそう。胃瘻が導入されてからの造設件数の伸びと、反胃瘻キャンペーンがメディアで始まってからの胃瘻造設件数の急降下とを見ると、医療現場がこんなにメディアや流行に弱くてよいのか、と逆に不安になるくらいです。医療技術としての胃瘻造設には、必要なものもあるはずでしょう。

終末期の医療抑制については、２０１９年、落合陽一、古市憲寿というふたりの若手文化人の発言が炎上しました（落合陽一・古市憲寿対談「『平成』が終わり『魔法元年』が始まる」『文學界』２０１９年１月号）。古市さんは「医療費がもっとも嵩むのは終末期の一ヶ月」と指摘し、落合さんは、「終末期の延命措置を（保険外の）自己負担にしたら」と提唱しました。そうすれば終末期の医療抑制効果が起きるだろう、と。

この発言にはすぐに専門家から批判が起きました。そもそも終末期とは、死んでから初めて事後的にわかるもの。今から終末期ですよ、と定義することはできません。また医療経済学者の二木立《りゅう》さんや福祉経済学者の権丈善一さんは、終末期医療にコストがかかるというのは思い込みにすぎないとデータをもとに反証しています（二木立「二木教授の医療時評42　終末期医療費についてのトンデモ数字」『文化連情報』３５１号、２００７年６月号。権丈善一『ちょっと気になる医療と介護　増補版』勁草書房、２０１８年）。ふたりとも死の直前一カ月間にかかるコストは全医療費の３％にすぎないと指摘し、「死亡直前の医療費抑制が医療費全体に与えるインパクトはさほど大きくない」ことに同意しています。

安楽死論争

安楽死論争といえば、『文藝春秋』誌を賑わせた２０１７年3月の「安楽死は是か非か」特集を思い出します（同誌編集部「理想の逝き方を探る　安楽死は是か非か　大アンケート　著名人60名の賛否を公開する」『文藝春秋』２０１７年3月号）。同誌２０１６年12月号掲載の橋田壽賀子さんのエッセイ「私は安楽死で逝きたい」を受けたものです。「著名人60名」への賛否を問うアンケートには、わたしも回答者に含まれていました。その結果を見て、衝撃を受けました。

60人のうち「安楽死に賛成」は浅利慶太、堺屋太一、橋本治、澤地久枝さんなど33名、安楽死には反対だが尊厳死に賛成は内館牧子、岡井隆、保阪正康、堀江謙一さんなど20名、無回答を除けば残り4名だけが「安楽死、尊厳死に反対」、わたしはその少数派のひとりでした。「安楽死に賛成」のリストに、尊敬するひとびとの名前を見つけて、「あのひともそうなのか……」と、わたしは暗澹としました。うれしかったのは、「安楽死、尊厳死に反対」の少数派に、ＡＬＳ（筋萎縮性側索硬化症）で闘病中の仏文学者、篠沢秀夫さんが含まれていたことです。進行する病魔と闘いながら、同年10月に逝去するまで篠沢さんは生きる希望を捨てませんでした。

日本尊厳死協会は、尊厳死と安楽死は違う、と言いますが、日本尊厳死協会が、安楽死を推奨した太田典礼医師を初代理事長として、日本安楽死協会を発足し、その後日本尊厳死協会と名称変更したことは忘れてはならない事実です。安楽死は積極的自殺幇助、尊厳死は終末期の医療抑制、前者は医療が介入して死期を早めるもの、後者は終末期に医療の介入を抑制するものですが、安楽死と尊厳死のあいだには、「滑りやすい坂」があります。しかも尊厳死（death with dignity）は、ヨーロッパ語圏では安楽死にも使われる用語です。

ジャーナリストの宮下洋一さんがルポしたスイスの民間団体は「ライフサークル」という名称ですが、宮下さんはこれをはっきり「自殺幇助団体」と呼んでいます。また他にも「ディグニタス」も、外国人の安楽死を受け入れていますが、その名称からして「尊厳」という意味です（宮下洋一『安楽死を遂げるまで』小学館、２０１７年）。「尊厳死」という概念を受け入れるひとびとのあいだには、「尊厳なき生」より「尊厳ある死」を、という価値観がありそうに思えます。

橋田さんが提起したエッセイには「認知症になったら安楽死が一番」とあります。橋田さんがガン専門医、近藤誠医師と対談した記事では、自分から仕事を引けば何も残らない、だがTV環境の変化と仕事仲間の高齢化や引退で、脚本の注文が激減した、生きている意味がないという趣旨の発言をしています。この発言は、LGBT差別で物議をかもした杉田水脈《みお》議員の「生産性」発言とつながるものです。また石原慎太郎元東京都知事が、「（生殖を終わった後の）バアサンが生きているのはムダで罪」と発言したことも思い出されます。

社会に貢献できなくなったら生きている価値はないのでしょうか？　生きがい、やりがいがなくなったら、人生に生きる意味はないのでしょうか？　この考え方の背後にあるのは、「生きる価値のある生命」と「生きる価値のない生命」とを選別する思想です。そしてこの思想こそ、安楽死協会を設立した太田医師の唱えた優生思想そのものでした。

「人間、役に立たなきゃ、生きてちゃ、いかんか」

わたしの講演でも、質疑の時間にこんな発言が出てくることがあります。「自分は80代、だが健康に気をつけて町内会の会長など世のため人のためにがんばっている。すべからく年寄りは生きがいをもって社会貢献をすべきだ」、と。発言の主は１００％男性です。こういう手合いには、こう答えることにしています……できるだけ、ゆっくり、はっきりと、こう言うのです、「人間、役に立たなきゃ、生きてちゃ、いかんんか」。

「尊厳ある生」と「尊厳なき生」との境界線はどこでしょうか？　自力の排便排尿は「尊厳」のメルクマール、他人に下の世話を頼まなければならなくなったら「尊厳」は失われる、と言うひとがいます。ですが、排泄介助を受けながら生きている障害者や病人、高齢者はたくさんいます。おむつを当てるぐらいで、死ぬ理由にはなりません。

自己決定能力があるうちはいい、もしそれがなくなったら、「尊厳」はなくなる、と言うひともいます。橋田さんに限らず、認知症になったら、と不安を訴えるひとは多いようです。自分の生んだ子どもの顔も認識できなくなるぐらいなら、死んだ方がまし、と。だが認知症の困ったところは、そうなったときには自己決定能力を失っていることです。

事前指示書はどこまで書いたひとを拘束するのでしょうか？

オランダの安楽死を研究した松田純さんは、安楽死の強制という恐るべき出来事をレポートしています（松田純『安楽死・尊厳死の現在』中公新書、２０１８年）。２０１６年、安楽死の事前指示書を書いていた74歳の女性が、認知症になったという理由で、家族に押さえつけられて医師に致死薬を注射されるという事件が起きました。安楽死の条件とされる「耐えがたい苦痛」は拡大解釈されて、精神的苦痛までを含むようになりました。認知症で怒りやすくなり、夜間徘徊する老女を、医師は本人にとって「耐えがたい苦痛」とみなしたのです（この事件はいったん有罪になったあと、２０１９年に最終審で無罪になりました）。

認知症になる前に書いた事前指示書を「本人の意思」と見なすかどうかはむずかしい判断です。事前指示書を書いた時点での過去の自分が、変化した後の現在の自分の死を決定することになるからです。松田さんによれば、オランダでは２００９年以降、認知症患者の安楽死件数が増え続けているのみならず、精神疾患の患者の安楽死も増えているといいます。そうなれば「生きているのがつらい」「人生に飽きた」というだけで、安楽死のじゅうぶんな理由になるでしょう。

事前指示書の有効期限はいつまででしょうか。自己の一貫性が失われたときに、同一性を求めるのは、過去の自分の、現在の自分への越権行為ではないでしょうか。

「人生会議」の罠

広く事前指示書と呼ばれるもののなかに、リビングウィルや近年登場したＡＣＰがあります。厚労省はＡＣＰを広めるキャンペーンを行うつもりでいますが、そう言われてもカタカナではにわかに何のことか伝わりません。そこで厚労省はニックネームを募集しました。その結果、採用されたのが、「人生会議」というもの。これもよくわからない名前です。

リビングウィルとＡＣＰはどこが違うのでしょうか？　どちらも健康なときに終末

期医療について文書で意思表明しておくことを勧める点では同じ。が、リビングウィルは自己決定、ACPは共同意思決定（shared decision making）というもの。だから「会議」なのだそうです。人生（生き死に）について、家族や関係者がわいわいがやがや語り合ってどうするかを決めるのが「人生会議」です。自己決定に見えても、人の生き死にはひとりでは決まらないし、自分でも決められない。だから共同意思決定、というもの。

共同意思決定の理念それ自体は悪くありません。だがそのわいわいがやがやの会議に声の大きい者がいたら、そちらに引きずられないでしょうか？　本人が周囲の意思を忖度することはないでしょうか？　弱者に圧力がかかることはないでしょうか？　そのなかに専門職がいたら、専門家の提示する選択肢によって決定は左右されないでしょうか？　福生病院の事例では、医師が透析続行か中止すなわち死か、という二択のほかに、腹膜透析という第三の選択肢を提示することを怠ったと後で判明しました。患者は痛みの伴わない透析なら、と考えていました。

死の自己決定に強制があってはなりません。だが、そもそも自由な意思決定とは何でしょう？　完全に代替可能な選択肢が他にあってそれを選ばない場合にのみ、「自由な決定」が成り立ちえます。ノーベル賞受賞者で厚生経済学者、アマルティア・センは個人の「潜在能力（capability）」を資源の多寡だけではなく機会集合の大きさでも定義しました。それしか選べないからそうする……のは、強制であって選択とは言えません。

共同決定はポジティブにもネガティブにも作用します。共同決定にポジティブな事例があることを教えてくれたのは、ＡＬＳ患者を扱った立岩真也さんの『ＡＬＳ　不動の身体と息する機械』（医学書院、２００４年）です。確実に死が来ることを予期できるＡＬＳ患者は、呼吸器をつけるかつけないかを長期にわたって熟慮する時間があります。全身の筋肉がしだいに麻痺してやがて呼吸にも及ぶＡＬＳ患者は、気管切開して呼吸器をつければ生涯呼吸器につながれて生きなければなりません。数分間でも呼吸器がはずれれば、呼吸困難に陥って生命の危険がありますから、24時間のケアが必要です。ＡＬＳ患者のうち、呼吸器をつける割合はおよそ3割、大半は家族の介護負担を顧慮したり不自由な人生を悲観して、呼吸器をつけないことを選びます。しかも呼吸器装着を選択する割合には、ジェンダー差があります。女性ＡＬＳ患者のあいだでは、呼吸器をつけることを選ぶ割合が著しく低いのです。「ケアする性」である女性は、ケアされる側に廻ることが難しいのでしょう。

だが「呼吸器をつけないことを選ぶ」のは、ほんとうに「自由な選択」でしょうか？　周囲のひとびととの「人生会議」のなかで、呼吸器をつけてもじゅうぶん生きていけるよ、そのまま外出だってできる、家族に負担をかけなくてもヘルパーが使える、わたしたちはあなたに生きてほしいと思っているよ……と背中を押されることで、患者の選択が変わることがあります。姉をＡＬＳで失った葛城貞三さん（『難病患者運動――「ひとりぼっちの難病者をつくらない」滋賀難病連の歴史』生活書院、２０１９年）は、滋賀県でＡＬＳ患者を対象にした介護事業所を立ち上げました。ＡＬＳの母を手厚い介護の果てに見送った川口有美子さん（『逝かない身体――ＡＬＳ的日常を生きる』医学書院、２００９年）も、自ら介護事業所の経営者になりました。ＡＬＳ患者さんたちに、こうすれば生きていけるという代替選択肢を持ってほしいと願ってのことです。

世の中には身体のふつごうを補完するさまざまな補助具があります。眼が悪くなれば眼鏡をかける。耳が遠くなれば、補聴器を使う。足が悪くなれば、車椅子がある。テクノロジーの発展に伴って各種の補助具も、簡便に、軽量に、進化してきました。呼吸器や透析装置は、いささか大型で扱いがやっかいかもしれませんが、眼鏡や補聴器を使うことをためらうひとはいないのに、なぜそこにある呼吸器や透析装置のような選択肢を選ぶことをためらうのでしょうか。

家族に負担がかかるから、というのは代替選択肢を用意しない政治の問題だといえます。海外の福祉先進国で、気管切開をして呼吸器をつけ、24時間他人の介助を受けながら独居生活をしている患者にわたしは会って来ました。彼女はパソコンを駆使して患者会のリーダーとして活発に活動していました。日本でも呼吸器をつけて独居で暮らしているＡＬＳ患者が何人もいます。

「人生会議」では周囲との力関係で、本人が圧力に負けることもあるでしょう。リビングウィルもＡＣＰも、「いつでも変更できる」ことを謳っていますが、気持ちを翻すことを言い出せない場合もあるでしょう。いったん文書にして署名すれば、意思を変えるハードルは高くなることでしょう。というより、文書化することで、わざわざハードルを上げているように見えます。

最期まで迷い抜けばよい

こんなことを考えるのも、わたし自身の父親の看取り体験からです。わたしの父は治療の見込みのない末期ガンの患者でした。医師だった父は、自分に対して行われる処方のすべてが対症療法で、治療法ではないことを熟知していました。しかも彼は、絶望した、小心なガン患者でした。ある日の彼は、「一日も早く死なせてくれ」と言い、別な日には回復の見通しがないのに「リハビリ病院に転院したい」と言いました。家族が奔走《ほんそう》して転院先のリハビリ病院を見つけてくると、「もう、いい」と希望を翻しました。家族は、彼の気持ちの揺らぎに翻弄《ほんろう》されました。

看取りの先輩だった友人たちに話を聞きましたが、立派なひとの立派な死に方は、感心はしても、何の参考にもなりませんでした。小心なひとたちのじたばたした死に様が、わずかに慰めになりました。

そして覚悟が決まりました。死にゆくひとは、気持ちが変わる、揺らぐ、ジェットコースターのようにアップダウンします。その揺らぎにつきあって翻弄されるのが、家族の役目だ、と。

父の看取り経験から、わたしは健康な時に書いた日付入りの意思など信じるな、と思うようになりました。また、いったん決めたことを最期まで貫くことを、尊いこととも思わなくなりました。

わたしの尊敬する介護職のカリスマ、高口光子さんが責任者を務めていた老健施設を訪れたときのことです。医師の常駐する老健は、在宅への移行施設というほんらいの趣旨より医師が常駐することで、今や特養以上にていのよい看取りの場になっています。最近では老健でも特養でも看取りがあたりまえになったからか、入所時に家族から終末期についての「同意書」をとるのが慣行となっています。「最期は病院に搬送しますか、それともそのまま居室でお看取りしますか？」と。各種の延命措置をするかしないか、イエス／ノーで選択させるのは、事前指示書と同じ。本人の同意ではなく家族の同意なのは、施設入居者の大半に認知症があるからです。

「高口さんとこ、家族に同意書とってるの？」と質問したときのこと。「いいや」と彼女は答えました。「え、なら、いったいどうするの？」と聞き返したときの、彼女の答えが感動的でした。

「生き死にに正解はない。家族と職員が共になって最期の最期まで迷いぬけばよい」

事実、高口さんの著書『介護施設で死ぬということ』（講談社、２０１６年）のなかには、迷いに迷って今でも悔いの残る事例が出てきます。神様ではないのだから、カリスマといえども、正解ばかりではありません。

事前指示書は誰のためのもの？　事前指示書はいったい誰を助けるのでしょうか？

聞こえてくるのは、「事前指示書があってよかった」「助かった」という家族と専門職の声ばかり。もちろん本人の声を聞こうにも、死んだ本人から聞くことはできませんが、事前指示書が「助ける」のは、家族と専門職が迷い、考えることから「助ける」ことじゃないか、と皮肉を言いたくなります。

これからＡＣＰこと「人生会議」のキャンペーンは国をあげて拡がることでしょう。施設入所時に、あるいは入院時に、そして福生病院の例のように診療開始時に、ＡＣ

Ｐを示されて署名を求められるようになるでしょう。ＡＣＰの書式も、イエス／ノーの二択から、「あなたは以下の延命措置を行わないことに同意しますか？」と「イエス」だけが選択肢に示されて、「ノー」を言うハードルがますます上がるかもしれません。書式を変えるだけで回答が変わることもある……ひとの意思決定はそのくらい、揺らぎやすいものです。

医療・介護業界で働く心ある友人たちは、こうつぶやきます。

「ＡＣＰをひとに勧める立場にいるんですけどねえ……でも、内心、気がすすまないんですよ。自分でも書きたくないし、他人にも書かせたくない」

こういうつぶやきを耳にすると、わたしはこのひとを信用してもよい、と思うのです。

安楽死を求める社会は、緩和医療が遅れている社会

２００３年に中西正司さんと共著で『当事者主権』（岩波新書）という本を書きました。中西さんは若い頃の事故で頸髄を損傷した車椅子生活者、障害者自立生活運動のカリスマ的リーダーです。障害者、高齢者、女性など、社会的弱者と呼ばれるひと

びとの自己決定権を唱えた本ですが、出したとたんにこんな批判を受けたことを覚えています。「知的障害者はどうする、精神障害者はどうなる、認知症高齢者はどうか」と。自己決定能力を失ったひとにとって、当事者主権はどうなるのか、と。

認知症は認知の障害ではあっても感情の障害ではありません。知性と感情とはしばしば対立してとらえられますが、わたしは感情を「分節される以前の知性」と考えています。好悪の感情や恐怖、嫌悪などは、この状況が自分にとって有利か不利かを判断する直観的な判断のあらわれです。認知症者はそういう判断力を持っています。

重度の認知症で日がな一日うつらうつらしているようなお年寄りでも、食事を出せばぱちりと眼を開けて召し上がります。食欲は生きる意欲の基本のき。食べられるあいだは、生きられます。生きる意欲を示している認知症高齢者を、過去の意思決定に忠実に安楽死させるのは、他殺であって自己決定ではありません。いや、安楽死ではない、尊厳死だというなら、同じような状態にいる認知症者が、もし誤嚥性肺炎などを起こしたときに、一切の医療行為を抑制するという選択をするのでしょうか。治らない病気で、「尊厳のない生」を送っているなら、その「苦しみ」から救うために医療行為をしない、という選択が、自己決定の名のもとに正当化されてしまいます。となれば、認知症かどうかで、助かる病気も助けてもらえないことになるでしょう。

当事者主権について話すたびに、ほとんどと言ってよいほど質問が出るのが「死の自己決定は可能か」というものです。生についての自己決定を主張するなら、死についても自己決定があってしかるべきだ、という意見です。『死すべき定め』（みすず書房、２０１６年）を書いた医師、アトゥール・ガワンデは「よい人生とは最大限の自立である」と書きました。高齢者の自立（わたしは自立よりも自律と呼びたいですが）を主張するガワンデが、安楽死には反対であることを知って、心底ほっとしました。オランダの安楽死法に触れて彼はこう言います。「２０１２年で35人のうち１人のオランダ人が自分が死ぬ時に自殺幇助を求めているという統計は、自殺幇助制度の成功を示す数字ではない。むしろ失敗を示す数字である」。そのせいか、「オランダは他の国よりも緩和医療のプログラムの発展が遅い」と。

オランダの安楽死を取材した松田さんは、２０１５年に全死亡数に占める安楽死割合は５・６％、「自ら死ぬ日時を決めて死ぬスタイルが18人に１人の割合」と書いています。ガワンデが報じた２０１２年の「35人に１人」より、増えています。法律が施行された当初は、認知症による安楽死は認められていませんでしたが、２００６年に条件が緩和され、２０１６年には１４１件に達しました。地域安楽死審査委員会の２０１４年報告書によれば、その年の認知症を理由とする安楽死81件は、ほとんど認知症初期の自己決定であり、「認知症の苦しみ」を予期したものであったといいます。それだって認知症に対する恐怖をいたずらに煽ってきた、政治とメディアの誘導の効果ではなかったでしょうか？　最新の情報では、コロナ禍のもとで、安楽死法の適用が増えていると聞きました。トリアージによって「生きる価値のない生命」が選別されているのではないか、と恐怖を感じます。

「ボケこそ恵み」と言ったのは、京都の「わらじ医者」こと、早川一光さん。認知症者には過去と未来がなくなり、現在だけがあります。死別の哀しみも、予期される死への恐怖もなくなることでしょう。「たくさんの認知症患者を診て」きたオランダのケース・フドハルト医師の発言を、松田さんは引用しています。「認知症患者の安楽死は不可能だと思います。私は納得していません」と。

ボケをわざわざ認知症と呼びかえるまでもありません。ボケは自然な加齢現象のひとつ。ボケても機嫌よく過ごしている年寄りはいくらでもいます。

生まれてきたことに自己決定はありませんでした。死ぬことに自己決定があると思うのは、傲慢だ、とわたしは思います。もし、わたしがボケたら？……食べられるあいだは生かしておいてほしい、と願います。

第8章

介護保険が危ない！

お家でひとりで死ねますか?

お家でひとりで死ねますか?——この問いこそが、本書で追究してきた問いでした。答えは出ました。はい、できます。家族がいてもできますが、いなくてもできます。独居でもハードルは越えられます。ガンなら楽勝。認知症でもOKです。

それもこれも、介護保険あってこそ。

小笠原医師は、こう言います。

「介護保険の前には、在宅看取りは難しかった。ましてや独居の在宅看取りは、想像することさえ難しかった」と。

これまでわたしは現場の専門職に、「お家で死ねますか?」「おひとりさまでも在宅で死ねますか?」と食い下がってきましたが、介護保険20年の蓄積は、現場の経験値とスキルを上げることで、手が届かなかった可能性を現実にしてきました。その20年間の経験の蓄積をあなどってはなりません。介護保険は、それだけの人材とノウハウを生んできたのです。

ですが、困ったことに、介護保険はいま、危機に立っています。それをみなさんに知ってもらいたい、そのために最後にこの章を書くことにしました。介護保険に詳しい読者はこの章を飛ばして読んでもらってもかまいませんが、世界的にユニークな日本の介護保険制度をわたしがどのように評価しているか、そしてどんな課題を抱えているかを理解していただけるかと思います。

介護保険は「被虐待児」

２０００年4月にスタートした介護保険は、２０２０年で20歳、成人を迎えました。が、専門家によれば、介護保険は誕生以来、一貫して被虐待児だった、と言われています。というのも法に組み込まれた3年に1回の改定ごとに、介護保険は使い勝手が悪くなってきたからです。

思えば鳴り物入りで介護保険がスタートした当初。出端《でばな》をくじかれたのが、当時自民党政調会長だった亀井静香さんによる介入でした。「介護保険は子が親を看る美風を壊す」といって、高齢者からの保険料徴収を半年延期するという姑息な手段に出ました。初めの頃は「このへんじゃこんな保険を作っても、使う者はおらん」とか「家に他人を入れる者などいない」と言われていたものでした。訪問ヘルパーに、事業所の名前を書いたクルマを家から1ブロック離れたところに停めて、そこから歩いてこい、と要求する利用者さえいました。

「介護の社会化」と言われながら、そのくらい、「家族の責任」である介護を、他人に委ねることには抵抗があったのです。それどころか、家に介護の必要な年寄りがいることを、世間から隠しておくような風潮がありました。

介護保険法が成立してから施行までの3年間の準備期間に、各自治体は前例のない挑戦に介護保険課を創設して、最精鋭の公務員を投入しました。保険料を強制的に取り立てる、すなわち実質増税に当たるのに、「保険あってサービスなし」と批判されるのを怖れたからです。ですからこの時期、各地の自治体に「カリスマ公務員」が生まれました。彼らはスタート時、戸別訪問して利用の掘り起こしさえ行っていました。

ところが3年後の第一次改定期には、早くも利用抑制が始まっていました。それから後は、改悪につぐ改悪。そしていま、介護保険は崖っぷちに立たされています。

「介護の社会化」へ

介護保険の危機を論じる前に、日本の介護保険制度がもたらした効果と評価について、論じておきましょう。

日本の介護保険はしばしばドイツの介護保険とイギリスの高齢者福祉をお手本にした模倣といわれますが、似て非なるもの、両者の折衷案を超えた独自の制度です。この制度ができたとき、わたしは「家族革命」が起きた！　と思いました。というのは、限界があるとはいえ、「介護は家族（だけ）の責任ではない」と「介護の社会化」の一歩を踏み出したからです。そして老後を頼る家族のいないわたしにとっては、介護を他人に頼ってよいということ。これはわたしのためにできたんだ、とすら思える快挙でした。

日本の介護保険制度の特徴を挙げてみましょう。

①税と保険の混合

介護保険の創設にあたって、税か保険か？　の大論争があったことを覚えているでしょうか？　社会保障なら税負担が当然、加入者だけを支える保険方式は国の責任逃れだという批判を浴びました。それに当初月に２５００円程度の保険料を強制徴収するのは実質増税。お年寄りのわずかな年金からさえ天引きするというので、反発を買い、そのために「鶴の声」ならぬ亀井さんの「亀の声」の介入があったことはお話ししたとおりです。こんなうまい表現をするのは、「高齢社会をよくする女性の会」の理事長、樋口恵子さん。介護保険の成立にあたって、実際にできたのは、税と保険の折衷方式。介護保険財政は２分の１が保険料、残り２分の１が税金、その半分、すなわち４分の１が国費、残り４分の１を都道府県と市町村とが折半する、というものです。結果それがよかったことは後で説明しましょう。

②地方分権と行政サービスのアウトソーシング

介護保険の事業主体は市町村という基礎自治体。当時は地方分権改革が怒濤《どとう》のごとく進んでおり、「地方主権」の名のもとに地方自治体に責任が押しつけられたことに、全国市町村会が猛反対したことも記憶に新しいでしょう。

　それというのも、介護保険成立の背景にあったのは国民健康保険の財政破綻。その失敗を二度とくりかえしたくないというので、国が地方に責任転嫁した、というのが裏の事情です。そのリクツは、高齢者介護は義務教育と同じく「基礎自治体の基礎的行政サービス」であるから基礎自治体が責任を持つべき、というもの。それなら義務教育の教育サービス労働者（小中学校の教員）をすべて公務員採用するように、介護サービス労働者も公務員採用するべきですが、時は行政改革のまっさいちゅう、公務員削減が至上命令なのに、これ以上公務員を増やす選択肢はありませんでした。ですからサービス提供事業者に介護サービスをアウトソーシングするという方式が採用されました。

　すでに行革の過程で、自治体管理下の図書館や女性センターなどが次々に指定管理事業者に委託されていましたから、この方式の採用には違和感がありませんでした。同時に地方分権の名の下に、介護計画を各自治体に独自に立てるように促し、それに伴って介護保険料も決定できるようになりました。制度が規定する最低限のサービスに加えて、住民に自治体独自のサービスを上積みしたりサービスのメニューを増やしたりすることも「上乗せ横だし」と呼ばれて自由にできるようになりましたが、そうすれば保険料が上がります。

結果、保険料もサービスもほぼ全国横並び。独自の「上乗せ横だし」を導入した自治体はごく少数です。これまでの社会福祉は均霑《きんてん》主義（全国一律に同じサービスを受けられる公平の原理）にもとづいてきたのに、この制度は、地域間格差があってよい、ということにゴーサインを出したのです。

③利用者と事業者の契約（利用者との雇用関係を避ける）

介護保険は「措置から契約へ、恩恵から権利へ」というスローガンのもとに導入されました。それ以前の高齢者福祉は、貧困家庭や独居の高齢者など、家族福祉が及ばないとりのこされたお年寄りへの行政からの「恩恵」、誰にどんなサービスを提供するかは行政裁量で決まる「措置」でしたが、それが介護保険以後は、保険加入者がサービス提供事業者と契約を結び、一定額のサービスを受けとる権利を行使できるようになりました。ただしそれには対価が伴いますから、介護保険制度の立ち上がりの時期には、批判が集中しました。それはこれまで無料で措置のサービスを受けていた貧困世帯が、サービスの上限による制約や自己負担によって利用抑制することで、福祉が切りさげられるというものでした。しかしそれまできわめて限定された世帯にしか届かなかったサービスが、介護保険のおかげですべての世帯に届くようになったことは高く評価すべきですし、貧困世帯のサービスの切りさげは、介護保険のせいではありません。介護保険が成り立つ背景には、利用者負担を背負うことのできる高齢者の購買力があります。それを支えるのが老齢年金制度です。貧困世帯は無年金または低年金世帯、問題は彼らの購買力の低さにあって、介護保険にはありません。介護保険導入にあたって、低経済層対策をきちんととらなかった行政が責めを負うべきで、介護保険に責めを負わせるのはお門違いです。

　契約は利用者とサービス提供事業者とのあいだに結ばれます。これはとてもよいしくみでした。というのは介護ワーカーと利用者との直接契約を避けたからです。ヘルパーにうまいへた、利用者との相性のよしあしがあるのはあたりまえ、一時は同じヘルパーにどうして来てもらえないのか、と年寄りからの苦情が寄せられましたが、もしこれが個別契約だったらどうでしょう？　ひとりに頼っていればそのヘルパーが病気をしたりつごうがつかなかったりしたらアウト、代替がありません。それだけでなく、諸外国のように利用者とヘルパーとが個人契約を結んでいるところでは、弱い立場に立たされたヘルパーに対する虐待や搾取、反対に追い詰められたヘルパーによるさらに弱い高齢者への虐待が起きています。利用者とヘルパーの関係を個人化しない、というこの事業者との契約制度は、よいことだらけでした。ヘルパーに代替性があることで利用者のリスクが減ること、ヘルパーへの苦情は本人にではなく事業者に伝えることで調整が図れること、ヘルパーのケアの質の管理は利用者の責任ではなく事業者の責任になること、何より利用者がヘルパーを使用人扱いしないように、利用者とヘルパーのあいだの雇用関係を排除したことです。

④ケアマネージャー制度の導入（行政から独立、だが事業者所属を認める）

日本の介護保険にあるケアマネージャー制度は、しばしばイギリスの模倣と言われますが、似て非なるものです。当初、ケアマネの導入に猛反対したのは障害者団体でした。なぜなら彼らはイギリスのケアマネ制度の実態を知っていたからです。イギリスではケアマネは自治体雇用、雇用者が利用者より自分の雇い主の利益を守るようにふるまうのはあたりまえのことです。そのため、イギリスのケアマネは、自治体負担を減らすように利用抑制にまわることが多く、それを懸念した障害者団体から反発を受けたのでした。

日本のケアマネはイギリスと違って自治体雇用ではありません。ケアマネは使ってもよし使わなくてもよし。無料だし、いくらとりかえてもかまいませんので、原則利用者の利益にそったケアプランを立ててもらえます。利用者のなかには、ケアマネなんかいらない、自分でセルフマネージドケアをすればよいと主張する団体もありますが、制度リテラシーがないと難しいのと、改定のたびに古い旅館の建て増しみたいに複雑怪奇になった制度を使うには、しろうとでは困難になってきました。ほんらいならケアマネの独立性を保つべきですが、日本の制度はケアマネに事業者所属を認めています。それというのも独立性を保つにじゅうぶんなほどの報酬を用意していないからです。

その結果、事業者の利益を最大化するように誘導するケアマネが出てきました。お金をくれる人の顔色を見る……のは、どこの世界でもあたりまえ。ケアマネをつくったところまではいいけれど、事業者所属を認めたのは制度の設計ミスでした。それを防ぐためにケアプランには必ず複数の事業者を含めるように指導するなど、細かいあの手この手を講じています。ですが根本的な解決策は、ケアプランの報酬を上げてケアマネージャーが独立を保てるよう、処遇を改善することです。

⑤ケアワーカーの資格化・専門化

その次によかったのが、介護保険事業で働くワーカーに資格を要求することで、専門職にしたことです。利用者とヘルパーの関係が個人化したところではいろいろな問題が起きることは述べました。それだけではなく、家事や介護は「女なら誰でもできる」というので、チープな労働力とみなされ、欧米ではしばしば移民女性の仕事でした。そういう家事介護労働者を雇った経費を税金から控除したり、その一部を公費から負担してもらうというのが「社会保障」のメニューでした。これでは介護ワーカーの賃金も社会的地位も決して上がりません。

日本の介護ワーカーの労働条件の悪さはよく知られていますが、それでもたとえ短期間の講習で取得できる資格であっても、ヘルパー一級、二級、三級と（その後三級は廃止、二級に相当する初任者研修に変更）、有資格者でないと介護事業に従事できないとしたのは、介護は「女ならだれでもできる」非熟練労働である、という従来の偏見を払拭するには大きな役割を果たしました。

⑥要介護認定制度の導入と相対的に高い給付水準

もうひとつの特徴は、要介護認定制度の導入と相対的に高い給付水準です。要介護度は1から5まで、最重度の5だと月額サービス給付料の上限は36万円程度になります（地域係数がかけ合わされて、首都圏では40万円前後になります）。自費でこれだけのサービスを購入しようと思ったらたいへん。この給付水準は、諸外国にくらべても相対的に高いといえます。この給付水準と抱き合わせに導入されたのが、要介護認定制度です。ＡＤＬこと日常生活動作（Activities of Daily Living）を主たる判定基準とする要介護認定は、当初その判定結果にばらつきがあったり、認知症高齢者には対応しにくかったりで、評判が悪かったものですが、この制度は死守されなければなりませんでした。なぜならこの制度は、利用料上限の根拠になるものでしたから。自己負担率1割が、この上限を超えると10割になります。つまりこれ以上びた一文使わせないぞ、とゲートキーパーの役割を果たしているのが、この要介護認定制度なのです。裏から見れば、現場の裁量権を軽んじ、恣意的な運用によるモラルハザードを怖れる点で、現場への信頼を欠いた制度であると言ってもいいでしょう。

⑦家族への現金給付が選択肢にない

日本の介護保険がドイツの介護保険と違うところは、家族への現金給付という選択肢がないことです。この家族への現金給付は介護保険制定の過程で大激論の対象となりましたが、それを押し返したのが、社会保障審議会の審議委員でもあった「高齢社会をよくする女性の会」の理事長、樋口恵子さんでした。介護保険スタート時にはサービス提供事業者がまだじゅうぶん育っておらず、「保険あってサービスなし（保険料を納めているのに使えるサービスがない）」と批判を受けることを政府は怖れていました。またこれまでタダだった嫁の介護に代わって他人を入れることで、１割負担をしなければならないことに抵抗感を抱くひとがいることも想定されましたので、介護が必要なのに介護保険を使わないひとびとに対して、その家族介護者の労苦に報いようという、一見温情的なしくみです。公的サービスを使わないことが、家族給付を受ける条件でした。

　樋口さんたちが危惧したのは、サービス利用料よりはるかに低水準のはした金を現金給付として受けとることで、「嫁の介護」が固定されることでした。介護は女の仕事、しかも嫁のタダ働き、これまで各自治体にあった「介護嫁表彰」を非人間的だと批判してきた樋口さんたちにとっては、許容できない選択肢でした。またこんな制度を導入したら、サービス給付を普及させようという自治体の努力にも水を差すと彼女たちは考えました。家族への現金給付を排除したこの会の功績は歴史に記憶されるべきでしょう。

介護保険の意図した効果

介護保険はもともと中流階級の家族介護負担を軽減するという政策意図を以て設計されたものでした。「利用者中心」をうたいながら、その実、介護保険を推進したのは要介護当事者ではなく、その介護家族たちだったことは、覚えておいてください。その介護保険は施行後、意図した効果と意図せざる効果の両方を生みました。意図した効果の方から述べましょう。

①権利意識の向上

介護保険導入当初は抵抗があった利用者も、あっというまに変化しました。医療保険料を支払っておきながら、いざ病気になると使うのは申し訳ないと使わないひとなんていない、とわたしは言ってきましたが、介護保険についても使わなくちゃソン、という権利意識が生まれました。施行初年度には利用者の掘り起こしまでやっていたのに、3年目の第一次改定では、すでに利用抑制にまわったぐらい、短期間に変化が起きました。もしこれが税方式だったら……こんな権利意識は生まれなかったでしょうから、保険方式でよかった、とわたしは思っています。税金だってもとはわたしたち国民のフトコロから出ているのは同じなのに、税が財源の社会保障には、なぜだか福祉スティグマがつきまとっていたからです。

②介護サービス準市場の成立

実質増税というべき保険料の強制徴収は、初年度4兆円規模の準市場を創り出しました。不況のただなかにあった日本経済にとっては巨大な規模です。しかもこの準市場は、高齢化にともなって年々拡大し、2019年には11兆円規模に達しています。

準市場とは、需給曲線で価格が変動する自由市場メカニズムの作用しない、政府が公定価格で管理する市場のことです。電気や水道など生存に必須の財やサービスは市場原理に委ねてはならないという理由から、準市場下に置かれますが、医療と同じように介護サービスも生命線を維持するサービスだからという理由です。

長く続く不況下で介護サービス市場は拡大する成長産業部門でしたから、多くの事業者の参入を促しました。そのなかに、女性の起業家たちがいます。彼女たちは介護保険前から、待ったなしの介護ニーズに応えて助け合い事業を各地で始めていました。それも地域最低賃金以下のボランティア価格で。介護保険はそれを有償化し、財政的裏付けを与えることで、いっきに経営的に安定をもたらしました。介護保険指定事業所に名乗りを上げるために、ＮＰＯなどの法人格を取得する団体も増えました。こういう広い意味での市民事業体の活躍を研究したのがわたしの『ケアの社会学』（太田出版、２０１１年）です。またこの成長するマーケットは、多くのイノベイティブな人材を介護福祉分野で生みました。そのひとたちを取材したのが、わたしの『ケアのカリスマたち』（亜紀書房、２０１５年）です。

③ケアワークの有償化（女のタダ働きから有償労働へ）

あまり多くの論者が指摘しませんが、介護保険がもたらした大きな変化のひとつは、ケアという労働がタダではない、という常識が広く定着したことです。これまで女が家でやってきた介護はタダ働き、わたしはこれを「感謝なき、評価なき、対価なき労働」と呼びました。とりわけ嫁ならやってあたりまえの「強制労働」でした。海外の文献に、選べない介護は「強制労働 forced labor」と書いてあって、膝を打ちました。そうか、強制労働は強制収容所だけにあるんじゃないのか、と。自分の家で舅姑を介護しても対価は発生しません。他人の家で他人の親を介護すれば対価が発生します。そんならひとりずつ介護する相手をずらせばいいんじゃないか（笑）とまで、思ったものです。

他人に頼めば介護は対価を支払わなければならない労働になる、という「常識」が日本国民のあいだに広くゆきわたった効果は、いくら強調してもしすぎることはありません。いったんお金を支払うようになれば、ひるがえってこれまでタダだったものの価値がわかるようになるからです。この介護というタダ働き（専門用語では「不払い労働 unpaid work」といいます）が「見える化」したことの効果は、大きいものでした。

④家族介護の実態が明らかに

介護保険の効果のひとつは、家族介護に「他人の目」が入ったことです。これを「家族の闇にサーチライトが入った」と名言を吐いたのは、これも樋口恵子さん。「サーチライト」とは、潜水艦に備えられたライト。真っ暗な海底をそこだけ照らし出します。

それまで家族介護は理想化されていましたが、そこで何が行われているかという実態は、誰も知りませんでした。もともと家族は介護のしろうと、寝たきりの年寄りに褥瘡ができても、手当ての仕方も知りません。垂れ流しの年寄りを、座敷牢のようなところに閉じこめておく家族もありました。その一部にでも外からの目が入ったことで、出てきたのは高齢者虐待の現実でした。暴言暴力からネグレクト、介護殺人まで。その実態を踏まえて、高齢者虐待防止法ができたのは２００５年のことです。それまで家族の恥は世間に見せたくない、そもそも他人に頼らなくてはならないこと自体が家族の恥だとする考え方が、久しく「家族の闇」を閉ざしてきました。介護保険は、その「闇」の扉を、こじあける効果がありました。その意味でも、介護保険のサービスを使わないことを条件に現金給付を家族介護者に与えるという選択肢を導入しなかったことは正解でした。たとえ現金給付を受けとっても、家族のなかで何が行われているか、ケアの質の管理など、だれにもできないからです。

介護保険の意図せざる効果

介護保険は、意図した効果のほかに意図せざる効果をもたらしました。

①施設志向の強化（姥捨てスティグマの解消）

介護保険の設計意図が家族介護の負担軽減であることは、すでに述べました。スタート時には高齢者の子との同居率は約50％。さらにこれを経済階層別にブレイクダウンすると、高経済階層と低経済階層の両極で低く、まんなかの中流で高い、山型をしていることがわかっています。つまり二世帯を維持するだけの経済力のある階層では「選択的別居」を、自分の生活で手一杯の経済力のない世帯では「姥捨て別居」を、そのどちらでもない中流の世帯だけが、やむなく「しぶしぶ同居」を選んでいることになります。「老後に介護が必要になったとき、誰に世話してもらいたいか」という意識調査では、配偶者、娘に次いで息子より下位に「嫁」という回答が来ます。嫁は、介護する方もされる方も、選びたくない／選ばれたくない、歓迎されない選択肢なのです。その中流の家庭に、一部とはいえ福音をもたらしたのが、介護保険のはずでした。事実この制度の成立を後押しした「介護の社会化を進める一万人市民委員会」の中核も、連合をはじめとする労働団体でした。

ところがフタを開けてみると、初年度の介護保険財政の使途は在宅系に対して施設系が優位になりました。せっかく在宅支援をしようと思ってつくった制度が、施設利用の方にシフトしたのです。その理由は、利用者の権利意識です。

ここで「利用者」とは誰か、を指摘しておかなければなりません。高齢者の施設入居の意思決定者は大半が家族。現場の専門職は利用者と利用者家族を区別しないばかりか、両者の利害が対立すると、家族の意思を優先する傾向がありました。それというのも年金を含めて年寄りの財布のひもを握っているのは家族ですし、ケアマネも事業者も、サービスを実際に受ける当事者よりも、サービスの代金を支払う財布の管理者の方の顔色を見る傾向がありました。

介護保険制度が生んだ権利意識は、それまでの施設入所にあった「姥捨てスティグマ」を払拭しました。措置時代の高齢者施設はたしかに施設も設備も劣悪で、親を入れているとは他人に言えない雰囲気でしたが、その後個室特養なども登場して、施設の設備やケアの水準が上がり、施設に親を入所させていることに後ろめたさがなくなりました。厚労省も、施設は高齢者の暮らしの場、尊厳を守るためには個室が前提、と個室特養の建設を推進したのに、その3年後にはホテルコスト（居住費）を徴収せよと方針転換、個室特養は月額14万～15万の費用負担ができるひとにしか利用可能でなくなりました。厚生年金受給者の増加にあいまって、親の年金で費用負担が可能な人たちが増えてくると、施設入居は避けたい選択というより、利用者の「権利」となりました。施設の待機高齢者が急速に増えたことがそれを物語ります。施設のレベルはピンからキリまで。一方で富裕層向けの高額な有料老人ホームも増えてきて、施設のイメージは改善しました。親を施設に入れていることを公言するのに、ためらう人はいません。というのも、他人の世話にならなければならなくなったら、施設で面倒みてもらうほかないと、（これまでの）家族と高齢者が考えているということでしょう。

介護保険後、たしかに先進的な施設も増えました。わたしは取材に行くとかならずする問いがあります。職員さんに「あなたのご両親をここに入れてもかまいませんか？」という問いです。「はい、もちろんです」という答えに、さらにかぶせて次の質問をします。「あなたご自身が将来ここに入ってもよいと思われますか？」という問いには、多くの職員さんが一瞬絶句します。ホンネは入りたくないのでしょう。経営者さんにもおたずねします。「あなたが要介護になったら、ご自分が経営していらっしゃるこの施設でお世話を受けたいと思いますか？」これまでたったひとりの例外を除いて、すべての答えは、「ぎりぎりまで家にいたい」でした（その例外のおひとりは、富裕層向けの戸建て有料老人ホームの経営者でした）。職員さんが「わたしだって入りたいです」と答えた有料施設では、「わたしの年金では無理ですけどね」というオチがついていました。

制度は在宅支援をめざしたのに、どうして在宅利用が増えなかったのでしょうか？

第三者によるサービス利用に慣れていないことや、何をやってもらえるかよくわかっていないだけでなく、家に他人を入れたくない、他人の世話を受けたくない、という利用者とその家族の抵抗感が強かったことが一因と考えられます。わたしたちの調査によれば、「家に他人に入ってほしくない」という抵抗感が強いのは、高齢者本人よりも家族の方。まれに「家族以外の他人に世話してほしくない」などという年寄りもいないではありませんが、何サマじゃあるまいし、実際にプロの介護を受けたら、家族の介護よりもずっと快適であることはすぐに実感するでしょう。事実、介護保険財政20年間の動向を見ると、２００５年から在宅系が施設系を上回る傾向が出てきました。その理由を、わたしは高齢者の子どもとの世帯分離が進んだからだ、と見ています。おひとりさま世帯、もしくは老齢の夫婦世帯では、第三者の人手を拒む理由はもはやありません。家族という「抵抗勢力」がいなくなれば、「家に他人が入る」ハードルも下がります。そのあいだ、介護保険制度は、施設利用を抑制して在宅誘導するようにたびたび重なる改定をくりかえしてきました。それもまた在宅の方が安上がりという「不純な動機」からなのですけれど。

②応益負担による利用抑制

2つめの予期されざる効果は、利用抑制が起きたことです。それまで措置時代のサービスを無償で受けていた貧困世帯のサービス水準が低下したことはすでに指摘しました。そしてそれは、介護保険の落ち度ではなく、低経済階層対策を講じなかった政府と自治体の責任であることも。びっくりするでしょうが、スタート時以来、介護保険財政はずっと黒字です。つまり要介護認定を受けたお年寄りが、要介護度に応じた利用料上限まで使っていない、ということを意味します。理由は、サービスはタダじゃない、使う毎に自己負担がかかる応益負担だからです。介護はタダ、と思ってきた日本人は、たとえ1割負担でも払いたくないと思ったのでしょうか。世帯分離以前に家計分離は進んでいて、たとえ見かけは3世代同居でも、年寄りの暮らしは年寄りの受益者負担の範囲内で、という抑制が働いているのかもしれません。利用者の多くが農業などの元自営業で、国民年金しか受給していない状態では、利用者の自己負担の限度額を超えて、子どもが身銭を切って利用料を負担することはめったにありません。

それどころか年寄りの年金にパラサイト（寄生）している子どもがいることさえあり、その子どもたちは年寄りの年金を減らしてもらいたくないと思っています。

③低額サービスへの集中

介護にお金を使いたくない、という傾向は、利用が単価の小さい低額サービスに集中するという傾向にも現れました。その結果、もうかるはずの介護事業に、赤字事業所が続出するという想定外の事態が生まれました。介護保険事業に参入した企業のなかには、さっさと撤退を決めたところもありました。企業は営利目的、収益の上がらない事業を続ける理由はありません。

介護保険の訪問介護は身体介護と家事援助の二本立て。スタート時には身体介護は時間単価４０２０円と高めに設定してありましたが、家事援助は１５３０円、大きな格差があります。からだに触れたところから身体介護は始まりますが、実際の現場ではどこまでが家事援助でどこからが身体介護か、線引きは困難です。身体介護の単価を高めに設定したのは、事業者に参入を促すインセンティブにしようというものでしたが、もう一方の家事援助の単価の安さは、「女なら誰でもできる」とお役人が思っていたとしか思えません。それまでの助け合いサービスのボランティア価格にくらべればましとはいえ、管理コストを考えればヘルパーに実際に払える金額はこの約半分、しかも待機時間も移動コストの保証もありません。これではやっていけないというので、3年目の第一次改定の際に、家事援助は生活援助と名を変え、単価は２４６０円になりましたが、ほとんどが登録ヘルパーの介護ワーカーの平均賃金は5万円程度。ワリの悪い労働であることには変わりがありません。その後の改定でも、1時間単位が30分になり、さらに15分になりと、細切れ介護の現実に、現場は悲鳴を上げています。しかも訪問介護の単価は改定毎に切りさげられています。その結果、訪問介護は介護6事業のうちもっともワリの悪い事業になり、２０１2年改定で生活援助の報酬切り下げのあとには、これではやっていけないと閉鎖する事業者もあらわれました。また人手不足も深刻でした。今日でも介護業界に限ってはコロナ禍前の２０１９年度で有効求人倍率が15倍、それほど不人気な職業になったのです。

　現場の希望はとてもシンプルです。身体介護と生活援助の二本建てを1本化して、単価をその中間、３０００円台に設定してもらえたら、そして単位を1時間単位にして、余裕を持たせてもらえたら、というもの。それができない理由はなさそうに思えますが、政府にこの二本建てを解消するつもりがないのには、後述するように、もっと根深い理由がありそうです。

介護保険の後退を許さない！

２０２０年1月、樋口恵子さんとわたしは、「高齢社会をよくする女性の会」と「ウィメンズ・アクション・ネットワーク」を共催団体として、「介護保険の後退を絶対に許さない！　1・14院内集会」を、衆議院議員会館で開催しました。それというのも前年12月の社会保障審議会介護保険部会の雲行きが怪しいことを聞き及んでいたからです。

介護保険は２０２０年で20歳を迎えました。介護保険が生まれてこの方「被虐待児」と呼ばれてきた理由は、3年に1度の改定を仕込んだこの法律が、3年ごとに使い勝手が悪くなってきたからです。たびかさなる改定のたびに、介護報酬減額や同居家族への利用制限、「不適切利用」への指導など、制約が多くなってきました。２００５年には要介護の一部を介護保険からはずして要支援１、２へ。「要介護高齢者」の数を減らすための人数合わせかと思われました。施設系の利用を抑制するために施設介護の報酬を減額し続けてきましたが、２００６年の報酬改定では在宅も施設も減額。２００３年には厚労省は、「新型特養」といって個室特養でなければ補助金を出さないとまでミエを切ったのに、わずかその3年後には、在宅とくらべて不公平と個室特養にはホテルコスト（居住費）が導入されました。そのため個室利用者の利用料が月額7万〜8万円からおよそその倍額の14万〜15万円にはねあがり、それまで個室にいた利用者が経費の安い多床室へ移ったり、施設を出て行かなければならなくなったりしました。お年寄りの尊厳を守るには個室が最低条件、と意気込んだ多くの施設の経営者は、「二階に上げて梯子を外された」と怒ったものです。今でも日本では、個室はぜいたく、貧乏人は多床室へ、とばかり、個室はデフォルトになっていません。

その後、介護現場の疲弊と人手不足への危機感から、２００９年には国会の決議で処遇改善交付金が支出されましたが、そのお金は事業者に支払われ、実際に介護ワーカーのフトコロに入ったかどうかは定かではありません。また事業者の努力に応じて、各種の加算がつくようになりましたが、制度がややこしいだけでなく、どれも利用者の負担をおしあげる結果になりました。

そして2014年、医療・介護一括法の成立にともなって、在宅シフトが明確になりました。特養への入居資格条件が要介護3以上に厳格化され、また利用者の自己負担率も所得に応じて1割から2割へ、さらに2018年には3割へと上昇しました。政府はいよいよ利用抑制へとギアチェンジをしたようです。

医療・介護一括法というのは、これまで医療は医療、介護は介護とそれぞれタテワリの行政のもとにあったサービスを一体運用することで、最期まで家にいてもらうしくみを作ろうというもの。お年寄りには歓迎ですが、もとは「不純な動機」からです。在宅看取りがもっとも低コストと考えて、そのために病院を徹底的にしめあげました。病床数は増やさない、病院数も増やさない、療養型病床はいずれ全廃する、そして退院時の在宅復帰率75％を各病院に課す、というもの。これまでのように3カ月ごとに病院から病院へとたらいまわしにしても、「在宅復帰」にはカウントされません。病院がＭＳＷ（医療ソーシャルワーカー）を雇い入れて、「地域連携室」だの「退院移行支援コーディネーター」だのに力を入れるようになったのは、これ以後のことです。ついでに言っておきますと、日本ではソーシャルワーカーの社会的認知も報酬も低く、ＭＳＷの仕事は医療保険に反映されません。困ったものです。

そこへ２０１９年改定で、ケアプランの有料化や軽度者の地域総合事業への移行などが、審議会で検討されそうだという情報が入ってきました。政府は改定案を小出しにするので、全貌がなかなかつかめません。メディアの反応も鈍く、報道もあまりされません。あらら、いつのまに、とやられっぱなしだったのが、介護保険虐待のこの20年でした。幸いなことに審議会での政府案は、審議委員の一部のつよい抵抗と、世論の反発を怖れてさっさと引っ込められましたが、油断すればいつまた出てくるかわかりません。わたしたちの危機感は深かったのです。

こうやって介護保険20年の歴史をたどってみると、政府の考えているシナリオの全貌が見えてきそうです。この集会のスローガンは以下の６つでした。

1　要支援はずしを許さない
2　要介護1、2はずしを許さない
3　生活援助はずしを許さない
4　ケアプラン有料化を許さない
5　「現役並み所得」「一定以上所得」の利用者負担率の上昇を許さない
6　介護報酬の切り下げを許さない

おそらく政府のシナリオは、①介護保険から要介護1、2の軽度者をはずし、重度の3、4、5の3段階程度に限定する、②生活援助をはずして身体介護に限定する、③ケアプラン作成を有料化することで、利用の敷居を高くする、④所得に応じて自己負担率を上げ、応益負担のみならず応能負担を導入する、⑤介護保険で足りないところは自費サービスを使ってもらって高齢者のフトコロからお金を放出してもらう、というものでしょう。すべて利用抑制したいという「不純な動機」からです。医療保険財政の二の舞だけは避けたいという、「制度の持続可能性」が錦の御旗になっていますが、背後には財務省の思惑が透けてみえます。

今さら介護保険のない時代には戻れません。介護保険は「失われた90年代」に日本国民が成し遂げた変革のうちで、個々の家庭に直接影響する、もっとも大きい変革でした。日本は介護の社会化への巨大な一歩を踏み出し（まだ「一歩」にすぎませんでしたが）、その恩恵を多くの高齢者とその家族が受け取りました。この変革をなしとげたのは団塊世代の有権者たちでしたが、もとは自分たちの介護負担を減らしたいという動機からだったとはいえ、今度は自ら利用者としてその恩恵を受けることができるようになったのです。団塊世代は後続の世代から迷惑な世代と責められましたが、この介護保険を作ったことは団塊世代の政治的功績として認められるに値すると思います。

いまどき介護保険廃止、などと唱えたら、その政治家の政治生命は直ちに終わるでしょう。そのくらい介護保険の恩恵は、国民のあいだに浸透しています。ですが、制度はあっても使い勝手を悪くすることで使えなくしていく……これを制度の空洞化、といいます。それが得意ワザなのが、政治家と官僚です。

ところで介護の社会化とは別名、「脱家族化」のこと。その介護保険が「後退」すると、ふたたび介護の「再家族化」が起きかねない状況に、わたしたちは直面しています。ですが、介護保険施行後20年のあいだに、家族は大きく変貌しました。「再家族化」といっても、もはや介護を押し戻す先の家族は介護力を失っています。介護保険20年のあいだに、高齢者のみの世帯と高齢者独居世帯はあわせて五割を越し、今や在宅介護といってもそこに家族の介護力があることを前提にすることはできません。家族の介護力が失われた高齢者の在宅生活を支えるには、介護保険の力が不可欠ですし、事実介護保険の生活援助は高齢者、とりわけ独居高齢者の在宅生活を支えてきました。ところが政府の改定方針は、高齢者の在宅生活を困難にする方向に向かうばかりです。

この政府のシナリオを、なんとしても世論の力で押し戻したい！　お声をかけたら、同じように危機感を抱いたひとたちが、全国各地からぞくぞくと集まりました。３００人の会場を埋めた現場のひとたちの熱気を、お伝えしたいと、その声を集めて緊急出版したのが『介護保険が危ない！』（岩波ブックレット、２０２０年）です。ぜひ手にとってみてください。

この本には当日参加者一同の名で出した声明が掲載されていますが、その草稿を書いてくださったのは樋口恵子さん。こんな改悪がつづけば「おうち（在宅）がだんだん遠くなる」一方、とあいかわらずキレのよいフレーズを書いてくださっています。

このままでは介護保険が危ない！　ということはつまりあなたの親とあなた自身の老後が危ない、ということです。あなたの子どもの人生も危ない、ということです。事業者とワーカーの将来も危ないということです。おひとりさまが安心して家に居られる社会、というのは、子どもが親を安心してひとりで置いておける社会、ということにほかなりません。安心して歳をとれない社会では、若者の将来だって危ない、ということは覚えておいてください。なぜっていま若者のあなたも、いつかきっと老いるのですから。

おわりに

わたしには家族がいませんので、基本、ひとりで暮らしています。高齢者の仲間入りをしましたが、まだ春日キスヨさんのいう「ヨタヘロ期」には至っていません。「フレイル（虚弱）」などという横文字を使われるより、「ヨタヘロ」の方がずっとわかりやすいですね。

そのうち要介護認定を受けて介護保険の利用者になるだろうと思います。たくさんのお年寄りを見てきて、ＰＰＫ（ピンピンコロリ）など望むべくもなく、なかなか死にきれない下り坂を、ひとはゆっくり下っていくものだと認識しました。そのうち動けなくなり、食べられなくなり、飲めなくなり……そしてある日呼吸が止まる、それを臨終と言うのだと教わりました。ひとり暮らしのわたしが、ひとり暮らしのまま下り坂を下っていって、ある日ひとり暮らしのまま在宅で死ねないだろうか……そう思いました。ひとりの暮らしを過ごしているわたしの臨終の場にだけ、ふだんめったに会わない一族郎党・親類縁者が全員集合するのも、妙なものです。ひとり静かに死んで、ある日亡くなっているのを発見されたら、それを「孤独死」とは呼ばれたくない。それが本書の執筆動機です。

わたしは私利私欲のために研究をしている、と言ってきました。介護保険ができたとき、これはわたしのためにできたんだ、と思いました。そのわたしの「おひとりさまシリーズ」がたくさんの読者に読まれたのは、わたしと同じような立場にいるひとが、思ったより多かったからです。『おひとりさまの老後』（２００７年）を出してから『おひとりさまの最期』（２０１５年）を出すまで8年、それからも6年経っています。わたし自身も順調に加齢しましたし、そのあいだに社会も変わりました。

何より独居の高齢者が急速に増えましたし、「おかわいそうに」の代名詞だった「おひとりさま」のイメージがすっかり変わりました。最近あるオッサン向け週刊誌に、こんな特集をみつけました。「ひとりになったとき、人はここで失敗する」……失敗の内容は「子どもと同居する／孫の教育資金を出してしまう／息子や娘に財産を渡してしまう／再婚してしまう」。それを見ながら、10年くらいのあいだに、老後の常識が変わったと感慨を抱きました。

わずか10年余で、老後の常識が１８０度変わりました。「子どもと同居が幸せ」から「同居しないほうが賢明」へ。「おひとりさまはみじめ」から、「おひとりさまは気楽」へ。その「常識」を変えた功績のいくぶんかは、わたしにもあったと思いたいです（笑）。

若い頃、「今日の常識は明日の非常識！」そして「今日の非常識は明日の常識！」と言ってきました。そのとおりになったようです。

そして、次に残された課題が、ひとりで死ぬことです。ひとり暮らしは「孤立」ではない、ひとりで死んでも「孤独死」ではない、と言ってきました。だから「在宅ひとり死©ChizukoUeno」という新しいことばをつくりました。それでも「在宅ひとり死のススメ」などという思い切ったタイトルの本が出せるようになるとは、10年前には想像もしていませんでした。

在宅ひとり死ができるようになったのは、介護保険のおかげです。介護保険がスタートしてから20年、現場の経験値は確実に蓄積されました。「在宅ひとり死」は現場の専門職の支えがあればできる、というわたしが得た手応えを、読者のあなたにもお伝えしたくてこの本を書きました。日本の介護保険は、制度も担い手も、ケアの質も、諸外国の福祉先進国にくらべても、決して見劣りしません。最近わたしは、海外在住の日本人に、老後を過ごすなら日本がよいかもよ、と勧めているくらいです。

だから日本の介護保険のよさも限界も、問題点も知ってもらいたいと思って、最終章に付け加えました。この制度を決して後退させてはならない、とつよく思っています。ウエノさん、介護保険、これからどうなるの？　介護の労働崩壊がすすむのでしょう？　とよく聞かれますが、そのたびにこう返します。「どうなるか、ではなく、あなたがどうしたいか、を考えて下さい」と。介護保険を作ったのもわたしたち有権者なら、介護保険をよくするのも悪くするのもわたしたち有権者だからです。

老いは誰にも避けられません。死亡率は100％です。認知症になるのは5人に1人だそうです。自分だけが要介護にならないようにPPK（ピンピンコロリ）体操に励み、認知症にならないように認知症予防ドリルに取り組むよりも、要介護になっても安心できる社会、安心して認知症になれる社会、そして障害を持っても殺されない社会をつくるために、まだまだやらなければならないことはいっぱいありそうです。
あなたもご一緒に闘ってくだされればうれしいです。

上野千鶴子

上野千鶴子（うえの　ちづこ）

1948年生まれ。社会学者。東京大学名誉教授。認定NPO法人ウィメンズアクションネットワーク（WAN）理事長。京都大学大学院社会学博士課程修了。日本における女性学・ジェンダー研究・介護研究のパイオニアとして活躍。著書は『おひとりさまの老後』『男おひとりさま道』（文春文庫）、『おひとりさまの最期』（朝日文庫）、『女たちのサバイバル作戦』（文春新書）、『上野千鶴子のサバイバル語録』（文春文庫）など多数。

文春新書

1295

在宅《ざいたく》ひとり死《し》のススメ

2021年1月20日　第1刷発行
2021年6月1日　第7刷発行

著　者　　上野千鶴子
発行者　　大松芳男
発行所　株式会社　文藝春秋

〒102-8008　東京都千代田区紀尾井町3-23
電話（03）3265-1211（代表）

印刷所　　理想社
付物印刷　大日本印刷
製本所　　大口製本

定価はカバーに表示してあります。
万一、落丁・乱丁の場合は小社製作部宛お送り下さい。
送料小社負担でお取替え致します。

ISBN978-4-16-661295-6

◆政治の世界

民主主義とは何なのか　長谷川三千子
拒否できない日本　関岡英之
司馬遼太郎 リーダーの条件　半藤一利・磯田道史・鴨下信一他
自滅するアメリカ帝国　伊藤 貫
新しい国へ　安倍晋三
憲法改正の論点　西 修
ニッポンの大問題　池上 彰
日本に絶望している人のための政治入門　三浦瑠麗
あなたに伝えたい政治の話　三浦瑠麗
政治を選ぶ力　橋下 徹・三浦瑠麗
国のために死ねるか　伊藤祐靖
オバマへの手紙　三山秀昭
安倍晋三「保守」の正体　菊池正史
田中角栄 最後のインタビュー　佐藤 修
安全保障は感情で動く　潮 匡人
日米同盟のリアリズム　小川和久
軍人が政治家になってはいけない本当の理由　廣中雅之
小泉進次郎と福田達夫　田﨑史郎
日本よ、完全自立を　石原慎太郎
内閣調査室秘録　志垣民郎 岸 俊光編
軍事と政治 日本の選択　細谷雄一編
兵器を買わされる日本　東京新聞社会部
地方議員は必要か　NHKスペシャル取材班
知事の真贋　片山善博
政治家の覚悟　菅 義偉

◆アジアの国と歴史

「南京事件」の探究　北村 稔
韓国併合への道 完全版　呉 善花
侮日論　呉 善花
韓国「反日」の真相　澤田克己
「暗黒・中国」からの脱出　顔 伯鈞 安田峰俊編訳
ルポ 絶望の韓国　牧野愛博
韓国を支配する「空気」の研究　牧野愛博
「中国」という神話　楊 海英
独裁の中国現代史　楊 海英
劉備と諸葛亮　柿沼陽平
王室と不敬罪　岩佐淳士
キャッシュレス国家　西村友作
性と欲望の中国　安田峰俊
日本の海が盗まれる　山田吉彦
インドが変える世界地図　広瀬公巳
反日種族主義と日本人　久保田るり子

◆こころと健康・医学

愛と癒しのコミュニオン　鈴木秀子
心の対話者　鈴木秀子
人と接するのがつらい　根本橘夫
依存症　信田さよ子
100歳までボケない101の方法　白澤卓二
がん放置療法のすすめ　近藤 誠
がん治療で殺されない七つの秘訣　近藤 誠
これでもがん治療を続けますか　近藤 誠
健康診断は受けてはいけない　近藤 誠
卵子老化の真実　河合 蘭
ヤル気が出る！最強の男性医療　堀江重郎
糖尿病で死ぬ人、生きる人　牧田善二
サイコパス　中野信子
不倫　中野信子
さよなら、ストレス　辻 秀一
食べる力　塩田芳享

発達障害　岩波 明
天才と発達障害　岩波 明
帰宅恐怖症　小林美智子
がんはもう痛くない　内富庸介編
看る力　阿川佐和子 大塚宣夫
中高年に効く！メンタル防衛術　夏目 誠
健康長寿は靴で決まる　かじやますみこ
ヒトは120歳まで生きられるのか　田原総一朗
40歳からの健康年表　荒井秀典編
脳寿命を延ばす 認知症にならない18の方法　新井平伊

◆社会と暮らし

はじめての部落問題　角岡伸彦
潜入ルポ　ヤクザの修羅場　鈴木智彦
臆病者のための裁判入門　橘　玲
女と男　なぜわかりあえないのか　橘　玲
食の戦争　鈴木宣弘
遊動論　柄谷行人
首都水没　土屋信行
水害列島　土屋信行
ヘイトスピーチ　安田浩一
2020年マンション大崩壊　牧野知弘
ルポ　老人地獄　朝日新聞経済部
本物のカジノへ行こう！　松井政就
児童相談所が子供を殺す　山脇由貴子
夫のLINEはなぜ不愉快なのか　山脇由貴子
子供の貧困が日本を滅ぼす　日本財団　子どもの貧困対策チーム
「意識高い系」の研究　古谷経衡

ブラック奨学金　今野晴貴
対論「炎上」日本のメカニズム　佐藤健志　藤井　聡
医学部　鳥集　徹
秋田犬　宮沢輝夫
高齢ドライバー　所　正文・小長谷陽子・伊藤安海
感動の温泉宿100　石井宏子
日本プラモデル六〇年史　小林　昇
昭和の東京12の貌　文藝春秋編
平成の東京12の貌　文藝春秋編
平成の通信簿　吉野太喜
1979年の奇跡　南　信長
日本の海が盗まれる　山田吉彦
内閣調査室秘録　志垣民郎　岸　俊光編
毒親介護　石川結貴
総会屋とバブル　尾島正洋
最強の相続　荻原博子
県警VS暴力団　藪　正孝
女性を美しく見せる「錯覚」の魔法　テート小畠利子

死刑賛成弁護士　犯罪被害者支援弁護士フォーラム
パンデミックの文明論　ヤマザキマリ　中野信子
半グレと芸能人　大島佑介

(2020. 12) F
品切の節はご容赦下さい